Helga und Hans E. Laux

Das
Pilzkochbuch

Helga und Hans E. Laux

Das Pilzkochbuch

Vom Austernseitling zur Ziegenlippe

Mary Hahn Verlag

Wichtiger Hinweis

In diesem Buch wird neben heute überall erhältlichen Zuchtpilzen eine Auswahl allgemein bekannter und verbreitet vorkommender Wildpilze vorgestellt.

Waldpilze müssen sicher bestimmt sein. Vergleichen Sie jedes im Text beschriebene Merkmal und die dazugehörende Abbildung sorgfältig. Achten Sie auf kleinste Abweichungen, denn viele unserer Wildpilze haben giftige Doppelgänger.

Wenn Ihre eigenen Pilzkenntnisse nicht ausreichen, sollten Sie Ihre Ernten einem Pilzsachverständigen vorlegen. Verwenden Sie Zuchtpilze, wenn Sie ganz sicher sein wollen.

Die meisten Gerichte in diesem Buch können mit gezüchteten Pilzen zubereitet werden. Sie übertreffen oft die feinsten Waldpilze in ihrem Wohlgeschmack.

Impressum

© by Mary Hahn Verlag
in der F.A. Herbig Verlagsbuchhandlung GmbH, München
Alle Rechte vorbehalten
Die Rezepte in diesem Buch sind vom Autor und vom Verlag sorgfältig geprüft, dennoch kann eine Garantie nicht übernommen werden.
Eine Haftung des Autors bzw. des Verlags und seiner Beauftragten für Personen-, Sach- und Vermögensschäden ist ausgeschlossen.
Lektorat: Gudrun Ruoff
Fotos: Hans E. Laux
Titelfoto: „Pfifferlingpfanne mit Sahne und Schalotten", Stockfood Eising Photos, München
Umschlaggestaltung: Atelier Scheufele
Herstellung: Franz Nellissen
Layout: Atelier Scheufele, Frankfurt
Satz: Atelier Scheufele, Frankfurt
Litho: Satzstudio Madla, Frankfurt
Druck und Bindung: Westermann Druck Zwickau GmbH
Printed in Germany
ISBN: 3-87287-433-0

Inhalt

Vorwort 7
Pilze in der Küche 8
10 Beiträge zum Thema Pilze 9

Rezeptteil

Zucht- und Speisepilze mit Rezepten und Fotos von A – Z

Austernseitling 22
   Feldsalat mit Austernpilzen 23
   Austernseitlinge in Bierteig gebacken ...23

Birkenpilz 24
   Pilz-Rouladen in Rotweinsauce 25

Butterpilz 26
   Pilzauflauf 27

Butter-Rübling 28
   Grüne Nudeln mit Pilz-Lachs-Sauce 29

Champignon 30
   Quiche mit Champignons 30
   Steaks mit Champignons 31
   Champignons ausgebacken 32
   Forellen in Champignons 32
   Spargel mit Pilzen in Sauce Hollandaise ...33

Edel-Reizker 34
   Pilze gebraten mit Speck und feinen Kräutern ...35

Erdritterling 36
   Blätterteig-Pasteten mit Erdritterlingen ...37

Fichtenzapfen-Nagelschwamm 38
   Eier mit Pilzfüllung 39

Flockenstieliger Hexenröhrling 40
   Makkaroni-Auflauf mit Röhrlingen 41

Frauentäubling 42
   Blätterteigtaschen mit Pilzfüllung 43

Goldröhrling 44
   Kabeljau mit Duxelles 45

Graublättriger Schwefelkopf 46
   Kartoffeleintopf mit Waldpilzen 47

Graukappe 48
   Spaghetti ai funghi 49

Großer Gelbfuß 50
   Kohlrouladen mit Pilzfüllung 51

Grünling 52
   Wildpastete 53

Habichtspilz 54
   Jäger-Sauce 55

Hallimasch 56
   Paprikapfanne mit Hallimasch 57
   Geschmorte Leber mit Hallimasch 57

Herbsttrompete 58
   Putenschnitzel mit feiner Pilzfüllung ...59

Judasohr 60
   Chinesische Pilze 61

Körnchenröhrling 62
   Kartoffelpuffer mit Pilzen 63

Krause Glucke 64
   Pilzsalat mit Krauser Glucke 65

Maipilz 66
   Pilzkuchen 67

Maronenröhrling 68
   Pizza ai funghi 69

Morchelbecherling 70
   Frühlingssalat mit Morcheln und Champignons 71

Natternstieliger Schneckling 72	**Sommertrüffel** 102
Pilzkroketten 73	Penne rigate mit Trüffel und Sahne-Sauce 103
Ockertäubling 74	**Speisemorchel** 104
Pilz-Frikadellen 75	Filet mit Morcheln in Blätterteig 105
Parasol 76	**Speise-Täubling** 106
Gebackene Parasolpilzhüte mit Käse und Schinken 77	Maultaschen mit Pilzfüllung 107
Perlpilz 78	**Spitzmorchel** 108
Pilzomelette mit feinen Kräutern 79	Morcheln in Schinkenrollen 109
	Morchelcremesuppe 109
Pfifferling 80	**Steinpilz** 110
Lammkoteletts in Pfifferling-Rahmsauce 81	Brokkolisuppe mit Steinpilzen 111
Flambierte Wachteln auf Pfifferlingen 82	Tortellini in Steinpilz-Rahmsauce 112
	Steinpilz-Grillspießchen 113
Reifpilz 84	**Stockschwämmchen** 114
Pfannkuchen mit Reifpilzen 85	Stockschwämmchen-Suppe 115
Rotbrauner Riesenträuschling (Braunkappe) 86	**Südlicher Schüppling** 116
Lasagne mit Braunkappen 87	Pilztoast 117
Rotfußröhrling 88	**Trompeten-Pfifferling** 118
Kalbfleischrollen mit Röhrlingen 89	Pilz-Grießsuppe 119
Rotkappe 90	**Violetter Rötelritterling** 120
Pilzhüte mit Heilbuttfüllung 91	Pilzsalat mit Huhn 121
Safranschirmling 92	**Weißer Ellerling** 122
Hähnchen mit würziger Pilzfüllung 93	Pilzklößchen in Bouillon 123
Samtfußrübling 94	**Wiesen-Egerling** 124
Pilzknödel 95	Champignon-Cremesuppe 125
	Putengeschnetzeltes mit Chamignons in Rieslingsauce 125
Schopftintling 96	
Schnitzel mit Pilzen und Käse überbacken 97	**Ziegenlippe** 126
	Risotto mit Röhrlingen 127
Semmel-Stoppelpilz 98	
Rollbraten mit Pilzfüllung 99	**Register** 128
Shiitake-Pilz 100	
Indonesischer Reistopf 101	

Symbol für
vegetarisches Gericht

Symbol für
schnelles Gericht

Vorwort

Pilze waren wohl schon bei unseren Urahnen ein wichtiger Bestandteil der Nahrung. Irgendwann mußte der Urmensch die Erfahrung gemacht haben, daß sich unter den vielen Arten, die er in der Natur antraf, sowohl wohlschmeckende und bekömmliche als auch ungenießbare, giftige, ja sogar tödlich giftige Arten befanden. Dieses Wissen wurde von Generation zu Generation weitergetragen und verfeinert.

Von den Römern wissen wir, daß Speisepilze bei ihnen als hochbezahlte Kostbarkeiten gehandelt wurden. Plinius beschrieb bereits im 1. Jahrhundert n. Chr. die Zubereitung einiger Pilzgerichte. Und welche Gourmets gab es bei den feinen Römern! Marcus Valerian Martial schreibt, daß ein Pilzgericht gegenüber Silber, Gold und den Freuden der Liebe vorzuziehen sei.

Coelius führt in einem Kochbuch der römischen Küche aus dem 3. Jahrhundert schon dreizehn spezielle Pilzgerichte auf. Mit dem Zerfall des Römischen Reiches war es auch mit den üppigen Schlemmereien und Festmahlen vorbei. Man hatte andere Sorgen.

Im Mittelalter war das Wissen um die Pilze vom Aberglauben geprägt. Man verknüpfte ihr Erscheinen mit giftigen Reptilien oder rostiger Eisen, und da die Pilze oft genug in Ringen wachsen, ist zu verstehen, daß man sie schnell mit den verfolgten Hexen in Verbindung brachte.

Sicher waren Pilze besonders in Notzeiten immer als willkommene Ergänzung der kargen Kost geschätzt. Im späten Mittelalter haben schließlich die „Herrenpilze" in der Küche der Adeligen und Fürsten Einzug gefunden und waren Bestandteil der Abgaben der Bauern an die Obrigkeit.

Im 17. Jahrhundert gelang in Frankreich wohl eher durch Zufall als durch systematische Kulturversuche die Zucht von Champignons. Die Methoden wurden verbessert; die Grundlagen für die noch heute blühende Champignonkultur waren gelegt.

Pilzesammeln ist zum Freizeitvergnügen einer breiten Bevölkerungsschicht geworden. Früher häufig zu findende Arten wie Pfifferlinge, Steinpilze und Morcheln sind in der Nähe großer Städte selten geworden. Pilzsammler müssen deshalb auf andere Arten ausweichen. Diesem Trend entsprechen wir in unserem Buch. Wir stellen schmackhafte Wildpilze vor und zeigen, wie sie zu aromatischen Gerichten oder festlichen Menüs, die leicht gelingen, zubereitet werden.

Zudem regen wir bei den meisten Rezepten alternativ zu Waldpilzen die Verwendung von Zuchtpilzen an. Sie sind den Wildpilzen in Geschmack und Aroma gleichwertig, oft sogar überlegen, und Champignons, Austernseitlinge und Shii-Take-Pilze bekommt man heute überall angeboten.

Zum Kennenlernen stellen wir Ihnen in diesem Buch 50 bekannte Pilze vor. Darüber hinaus erfahren Sie viel Wissenswertes rund um den Pilz. So wurde schon manch „Küchenmykologe" zum richtigen Pilzkenner.

Pilze in der Küche

Pilze sind eine wertvolle, kulinarische Bereicherung für die Küche. Sie entwickeln jedoch erst bei richtiger Zubereitung ihren feinen Geschmack. Roh genossen sind sie wenig schmackhaft, und viele gute Speisepilze sind ungekocht nicht bekömmlich und oft sogar leicht giftig.

Verschiedene Wildpilze, frisch gesammelt, geben Mischpilz-Gerichten einen intensiveren Pilzgeschmack. Andere passen wiederum ganz individuell in kleinen Mengen zu feinen Gerichten. In unserem Kochbuch finden Sie erprobte Rezepte, wie man Wild- und Zuchtpilze schmackhaft zubereiten kann. Dabei lohnt es sich wie immer beim Kochen, über das Ausprobierte und Festgeschriebene hinweg eigene Varianten zu entwickeln.

Nicht immer fällt die Jagd nach den Delikatessen des Waldes erfolgreich aus oder die Zeit ist zu knapp für eine „Pilztour". Keine Sorge, schmackhafte Zuchtpilze werden heute das ganze Jahr über angeboten. Wir haben deshalb Zuchtpilze bei unseren Gerichten ganz besonders berücksichtigt.

Es gibt nur wenige Wildpilze wie den Schopftintling, die man wegen kurzer Haltbarkeit zu Hause sofort zubereiten muß. Wildpilze sollten in der Regel innerhalb eines Tages verarbeitet werden. Zuchtpilze sind recht haltbar, man kann sie bis zu ein paar Tagen im Kühlschrank lagern. Aber bitte Vorsicht, verdorbene Pilze können wie verdorbenes Fleisch schwere Gesundheitsstörungen verursachen!

Wildpilze sollte man schon im Wald sauber sammeln. Vor dem Kochen werden sie in der Regel mit einem Messer oder einer kleinen Bürste gesäubert. Manche Arten wie Morcheln und die Krause Glucke müssen mit viel Wasser gut abgespült werden. Anhaftende Humus- und Blätterreste werden auch durch Blanchieren entfernt. Zuchtpilze sollte man, sofern es die Weiterverarbeitung zuläßt, wie Gemüse kurz waschen.

Mit „Duxelles", dem Pilzgrundrezept der französischen Küche und Fleisch, Fisch, Geflügel oder Gemüse lassen sich die verschiedensten Gerichte kochen. „Duxelles" wird so zubereitet:
Pilze, Zwiebeln und frische Kräuter fein hacken und in Bratfett unter ständigem Wenden dünsten, bis die Flüssigkeit verdampft ist; mit Salz und Pfeffer vorsichtig würzen. Diese „Vorstufe" vieler Pilzgerichte kann in geeigneten Portionen eingefroren werden. Bei Bedarf ist dann schnell ein Pilzgericht gekocht.

Die meisten Pilzgerichte kann man einen Tag nach der Zubereitung im Kühlschrank aufbewahren. Bei längerem Lagern verlieren sie schnell an Geschmack, sie dürfen schon bei leichten Anzeichen einer Geschmacksveränderung nicht mehr verzehrt werden.

10 Beiträge zum Thema Pilze

1 Pilze kennenlernen

Aller Anfang ist schwer. Pilzkenner. Pilz-Führungen. Bücher. Ausstellungen. Pilzberater. Pilzvereine.
Seite 10

2 Was ist ein Pilz?

Pflanze ohne Blattgrün. Pilzkunde. Fortpflanzung. Saprophyten. Parasiten. Myzel.
Seite 11

3 Vorkommen und Wachstum der Pilze

Pilze das ganze Jahr. Begleitbäume. Laubwald. Nadelwald. Wiesen und Parkanlagen. Holzbewohner. Pilzschutz. Ursachen für den Rückgang der Wildpilze.
Seite 12

4 Wildpilze richtig sammeln

Was braucht man zur Pilzjagd? Korb. Messer. Vorsäuberung. Kleidung. Verhalten im Wald.
Seite 13

5 Pilze richtig bestimmen

Erscheinungsbild. Hut. Lamellen. Röhren. Stiel. Fleisch. Geruch. Standort.
Seite 14

6 Pilzkonservierung

Was tun, wenn die Ernte riesig ausfällt ?
Trocknen. Tiefgefrieren. Einlegen in Essig oder Öl.
Seite 15

7 Pilzzucht in Haus und Garten / Pilze im Handel

Kulturgrundlagen. Zucht auf Stroh und Holz. Pilze im Handel.
Seite 16

8 Nährwert und Bedeutung der Pilze

Sie machen schlank und schmecken gut. Kalorienarm. Vitamine. Eiweiß. Pilze als Heilmittel.
Seite 19

9 Umweltbelastete Wildpilze

Schwermetalle. Radioaktivität.
Seite 20

10 Gefahren im Wald

Tollwut. Fuchsbandwurm. Zecken.
Seite 21

1 Pilze kennenlernen

Pilzkenntnisse kann man auf verschiedene Weise erwerben. Es gibt Pilzsammler, die ihr Leben lang nicht mehr als eine Handvoll Arten für die Küche sammeln. Wenn im Spätsommer bis Herbst die Pilzjagd beginnt, streifen sie durch ihre vertrauten Wälder und bringen mit schöner Regelmäßigkeit ihre Funde zufrieden mit nach Hause.

Andere wiederum sind bestrebt, ihre Erfahrungen im Alleingang zu erweitern und nehmen neugierig jeden neuen Pilz auf. Wichtig ist in jedem Fall, daß immer nur einwandfrei bestimmte Arten in der Küche verwendet werden. Auch beim geringsten Zweifel muß auf den Verzehr verzichtet werden. Anfänger müssen ihr Sammelgut immer von einem Fachmann begutachten lassen. Unverantwortlich im Sinne des Pilzschutzes ist allerdings, wahllos unbekannte Wildpilze einzusammeln und sie zum Pilzberater zu bringen, wo viele dann zwangsläufig im Abfall landen.

Eine sichere Methode zur Erweiterung des Wissens sind gemeinsame Touren mit einem sicheren Pilzkenner. Am besten prägt man sich dabei immer wieder neue, leicht erkennbare Arten ein, nimmt sie getrennt von den Speisepilzen mit nach Hause und überprüft dort mit Hilfe eines guten Pilzbuches noch einmal alle ihre Merkmale.

Zur Hauptsaison werden vielerorts Pilzführungen angeboten. Dabei haben Interessenten ebenfalls die Möglichkeit, ihr Wissen zu ergänzen, soweit nicht zuviel Teilnehmer dabei sind. Je größer die Teilnehmerzahl, um so weniger wird gelernt.

In Pilzvorträgen wird oft unter Anwendung bester Fototechnik und -material bisweilen die faszinierende Form- und Farbenwelt der Pilze vorgestellt. Pilzfachleute kommen dabei ins Schwärmen. Anfänger sind dabei oft überfordert. Insbesondere dann, wenn der Referent versucht, mit mykologischen Raritäten zu glänzen. Der Zuschauer kann nur erahnen, wieviel Zeit, Fachstudien und Aufwendungen hinter so einem 1 bis 2stündigen Vortrag stecken.

Eine weitere Möglichkeit Pilze kennenzulernen sind Ausstellungen. Pilzvereine bemühen sich dabei, eine möglichst große Artenvielfalt zu präsentieren. Wenn kein Frischmaterial nachkommt, machen die Pilze am zweiten Tag oft einen erbärmlichen Eindruck. Auch hier kann der fortgeschrittene Sammler seine Erfahrungen erweitern und vertiefen. Sinnvoll sind Ausstellungen, wenn für Anfänger eigene Tische mit den bekanntesten Speisepilzen mit ihren gefährlichsten Doppelgängern vorgestellt werden.

Pilzvereine bieten in größeren Städten oft das ganze Jahr über ein reiches Programm rund um das Thema Pilz. Bei ausreichendem Interesse sollten sich Anfänger nicht scheuen, einem Pilzverein beizutreten. Im Kreis von erfahrenen Pilzlern können sie ihr Wissen vertiefen und ihre eigenen Bestimmungen bestätigen lassen.

2 Was ist ein Pilz?

Was man als Pilze in der Natur antrifft, sind sporentragende Fruchtkörper, die oft durch Formen- und Farbenvielfalt faszinieren. Der Pilzorganismus selbst liegt als haarfeines, weit verzweigtes Myzel in den oberen Erdschichten, in Laub- und Nadelstreu oder lebt in anderen Substraten. Einzelne Pilze wie der Fichtenzapfen-Nagelschwamm bilden wurzelartige Myzelstränge, die man bei vorsichtiger Entnahme aus dem Humus beobachten kann.

Pilze sind in ihrem Aufbau von „normalen" Blütenpflanzen grundverschieden. Sie besitzen kein Blattgrün und können keine organischen Stoffe aufbauen, sind also auf vorbereitete organische Nahrungsstoffe angewiesen, die sie abbauen und in Humus überführen. Pilze spielen eine unersetzliche Rolle im „Recycling" der Natur.

Pilze, die ihre Nährstoffe aus lebenden Materialien beziehen, bezeichnet man als Parasiten. Viele sind auf Holz spezialisiert und können in Forstmonokulturen ungeheuere Schäden verursachen. Naturnahe Mischwälder sind aufgrund ihrer Artenvielfalt weniger anfällig. Wie immer in der Natur, wird zuerst der schwächere und vorgeschädigte Baum angegriffen.

Wenn der Nährstoff im Substrat aufgebraucht ist, kommt es zu keiner Fruchtkörperbildung mehr. Es ist bekannt, daß deren Ausbildung durch Umwelteinflüsse, Einbringung von Schadstoffen und ökologischen Veränderungen stark beeinflußt wird. Diese Gründe tragen zum Artenrückgang bei.

Von den etwa 3 000 Großpilzarten Mitteleuropas leben viele in einer Lebensgemeinschaft mit Bäumen und anderen Blütenpflanzen. Sie umgeben die Wurzeln der Partner oder dringen in diese ein. Diese sogenannte Mykorrhiza bringt beiden Partnern Vorteile. Bäume, die in Baumschulen mit Mykorrhizapilzen beimpft wurden, haben sich wesentlich wuchskräftiger gezeigt als Bäume ohne Mykorrhizapartner.

Pilze können sich geschlechtlich und ungeschlechtlich fortpflanzen. Die ungeschlechtliche Fortpflanzung erfolgt durch Zerfall des Pilzgeflechts oder durch Abschnürung von Vermehrungssporen. Die geschlechtliche Fortpflanzung erfolgt über Sporen und ist eine komplizierte Ereignisfolge. Günstige Temperaturen, Feuchtigkeit und Umweltbedingungen sind Voraussetzung für diese Entwicklungen.

Die riesige Sporenproduktion eines einzelnen Individuums kann man leicht beobachten, indem man einen Fruchtkörper ohne Stiel mit der Unterseite auf Papier oder Glas auflegt. Schon nach einigen Stunden zeigt sich ein sogenanntes Sporogramm. Die Sporenfarbe ist oft eine wichtige Bestimmungshilfe. Ritterlinge und Wulstlinge haben weißes, Rißpilze und Schüpplinge haben braunes, Champignons haben dunkelviolettes bis schwarzes Sporenpulver.

3 Vorkommen und Wachstum der Pilze

Wenn im Frühling Huflattich und Märzveilchen blühen, setzt ein meist zaghaftes Wachstum der Frühjahrspilze ein. Der Fichtenzapfen-Nagelschwamm macht den Anfang unter den Speisepilzen. Der kleine Pilz kann in manchen Jahren nach der Schneeschmelze massenhaft auftreten, so daß sich das Sammeln für ein kleines Gericht lohnt. Im April locken verschiedene Morchelarten, die zu den feinsten Speisepilzarten zählen, den Kenner zur Pilzsuche an den vertrauten Plätzen.

Die Haupterscheinungszeit der Pilze fällt in die Monate Juli bis Oktober. Für viele Großpilze sind die klimatischen und ernährungsbiologischen Voraussetzungen um diese Zeit optimal, und oft wird der Pilzfreund zu dieser Zeit geradezu überwältigt von der Artenvielfalt. Viele Pilze bleiben unbestimmt.

Wenn in Schönwetterperioden der Waldboden von Sommerwärme und Wind austrocknet, geht das Wachstum der Sommerpilze schnell zurück; es lohnt sich dann oft kaum mehr, nach Pilzen zu suchen. Ein nasser und kühler Sommer bietet aber noch lange keine Gewähr für üppiges Pilzwachstum. Wer Wildpilze sammeln möchte, muß also das Wetter immer im Auge behalten. Nach den ersten Nachtfrösten Ende Oktober geht das Pilzwachstum stark zurück. Nur wenige Arten wie Austernseitling und Samtfußrübling brauchen einen Kälteschock. Man findet sie auch noch in milden Wintern in Tauperioden.

Wer sich mit Pilzen beschäftigt, wird bald erkennen, daß er ein gewisses Grundwissen über Bäume, Sträucher und Begleitpflanzen sowie über Waldgesellschaften und Bodenverhältnisse haben muß, um in seinem Fachgebiet Erfolg zu haben, denn viele Holzbewohner wachsen auf ganz speziellen Holzarten, und auf Brandstellen findet man eben andere Arten als an Wegrändern.

Besonders wichtig für den Pilzsammler ist das Wissen um die Lebensgemeinschaft zwischen Bäumen und Pilzen. So findet man Goldröhrlinge grundsätzlich nur unter Lärchen, der Birkenpilz wächst, wie sein Name sagt, unter Birken, und der Körnchenröhrling erscheint unter Kiefern. Die meisten Baumarten bieten gleich verschiedenen Pilzarten Partnerschaft an. Schließlich hat ein lichter, sonnenexponierter Hainbuchen-/ Eichenwald eine ganz andere Pilzflora als ein dunkler Fichtenwald.

4 Wildpilze richtig sammeln

Eine Forderung vorweg: Sammeln Sie für die Küche nur Pilze, die Sie ganz sicher kennen. Im Zweifelsfall ist ein Fachmann zu befragen, oder man läßt die Pilze stehen. Alte Exemplare bleiben ebenfalls an Ort und Stelle. So wie altes Fleisch oder Fisch können auch alte Pilze schwere Vergiftungen verursachen. Mit etwas Erfahrung erkennt man sie am schwammigen Fleisch, an ihrem im Alter oft veränderten Aussehen, an den bei manchen Arten übermäßig aufgeschirmten Hüten und an madigen, angefaulten Stellen.

Auf Holz wachsende Arten wie Stockschwämmchen und Graublättrige Schwefelköpfchen kann man mit dem Messer abschneiden. Am Boden wachsende Pilze sollte man vorsichtig herausdrehen. Die Stielbasis trägt für die Bestimmung oft wichtige Merkmale.

Die gesammelten Pilze werden bereits im Wald vorgereinigt, d.h. man entfernt anhaftende Nadeln, Laub- und Humusreste mit dem Messer. Von Schnecken angefressene Stellen kann man ausschneiden. Bei Arten mit starkem Hutschleim wie Großer Gelbfuß und Butterpilz wird der Schleim schon beim Sammeln entfernt, sonst klebt das ganze Sammelgut zusammen.

Pilze dürfen nicht in luftundurchlässigen Behältnissen schwitzen. Plastiktüten sind ungeeignet. Ideal sind luftdurchlässige Körbchen oder Leinenbeutel. Zuhause legt man die Ernte kühl und luftig aus und verarbeitet sie innerhalb von 24 Stunden. Für empfindliche, schnell alternde Arten wie den Schopftintling ist diese Frist bereits zu lang. Feste und haltbare Arten wie Pfifferling und Habichtspilz kann man 2 – 3 Tage aufbewahren. Pilze nehmen viel Wasser auf. Es hängt von der weiteren Verarbeitung ab, ob man sie wäscht. Trockenpilze reinigt man nur mit dem Messer und einer kleinen Bürste.

Menschen, die eine intensive Beziehung zur Natur haben, werden beim Pilzesammeln ihre Pilzwälder prüfend durchstreifen und nach ihren Delikatessen behutsam Ausschau halten. Sie durchwühlen keine Moospolster und kein Laub nach den letzten winzigen Pilzhütchen, die ohnehin nicht leicht bestimmbar sind und schon deshalb stehen bleiben. Vernünftige Sammler achten auf die umgebende Natur und zertreten nicht sinnlos die anderen Waldpflanzen.

Maßloses Sammeln hat vielerorts mit zum Rückgang besonders geschätzter Speisepilze wie Pfifferling und Steinpilz beigetragen. Seltene oder im Rückgang begriffene Arten müssen unbedingt geschont werden. Pilzsammler haben viel mehr Sammelerfolge mit massenhaft vorkommenden Arten wie Hallimasch und Schopftintling. Mit einiger Fantasie lassen sich diese vorzüglich zubereiten. Schließlich ist das große und ganzjährige Angebot an Zuchtpilzen eine wertvolle Alternative zu Wildpilzen. Bei den Kochrezepten in diesem Buch haben wir diese Überlegungen berücksichtigt.

5 Pilze richtig bestimmen

Von den etwa 5000 mitteleuropäischen Pilzen sind unsere bekanntesten Speisepilze und die meisten giftigen Doppelgänger relativ leicht zu bestimmen. Wer Wildpilze für die Küche sammelt, muß für deren Bestimmung alle Merkmale, wie sie in den begleitenden Texten in diesem Buch vorgestellt werden, durchprüfen. Pilze haben gegenüber den Blütenpflanzen den Nachteil, daß ihre Fruchtkörper in Form und Gestalt oft enorm variieren. Man benötigt deshalb immer mehrere, junge und alte Exemplare für eine sichere Diagnose. Meist sind sie in Hut und Stiel gegliedert.

Der Hut ist der auffälligste Teil des Pilzes. Er trägt auf der Unterseite die sporenbildende Fruchtschicht (Lamellen, Röhren, Stacheln, Leisten). Abmessungen, Form und Farbe sind besonders bedeutsam. Die Beschaffenheit der Oberfläche (glatt, trocken, klebrig, schleimig, sparrig, schuppig, flockig) ist oft witterungsabhängig. Manche Pilzhüte sind hygrophan und ändern ihr Aussehen zwischen Trockenzeiten und feuchter Witterung gewaltig. Beachtet werden muß auch der Rand (gerieft, eingerissen, mit Velumresten – das sind Bestandteile der Gesamthülle, die den ganz jungen Pilz umgeben).

Unentbehrliche Merkmale sind Form, Farbe, Schneiden der Lamellen, auch Blätter genannt. Sie können am Stiel herablaufen, mit Zahn angewachsen, breit angewachsen oder ganz frei sein. Zwischenlamellen sind bei vielen Pilzen vorhanden. Bei Täublingen sind sie in der Regel spröde und splittern, wenn man mit dem Finger darüberfährt. Ob die Schneide glatt, gekerbt, flockig oder fein gezähnt ist, kann man oft nur mit einer Lupe erkennen.

Viele Pilze mit Röhren und Poren zählen zu unseren beliebtesten Speisepilzen. Farbe und Form (rund, eckig, längsgestreckt) und ihre mögliche Verfärbung bei Druck und Berührung sind wichtig. Oft sind sie leicht vom Hutfleisch ablösbar. Es gibt auch Baumschwämme mit oft mehreren, zähen, harten Röhrenschichten, die als Speisepilze nicht in Frage kommen.

Das Fleisch erkennt man beim Schnitt durch den Pilz. Farbe, Verfärbung, Faserung sowie Geruch, Geschmack und eventuell Milchsaftfarbe sind zu beachten. Pilzgerüche sind außerordentlich vielfältig. Der Geschmack wird durch ein kleines Stückchen auf der Zungenspitze geprüft. Vorsicht – die Probe wird unzerkaut ausgespuckt!

Stiele haben unterschiedlichste Formen. Wichtig sind auch hier die Abmessungen, Färbung, Oberfläche und das Vorkommen oder Fehlen eines Ringes (oft auch als Manschette bezeichnet). Letzterer kann gerieft, aufsteigend oder auch doppelt ausgebildet sein. Besonders bedeutsam ist die Stielbasis. Eine etwa vorhandene Scheide ist ein wesentliches Merkmal der tödlich giftigen Knollenblätterpilze. Ringe sind oft vom Sporenstaub gefärbt. Sie sind bei manchen Arten vergänglich.

Die Farbe der Sporen erkennt man an einem Sporenabwurfbild auf einem Blatt Papier. Nur unter dem Mikroskop ist ihre Form und Größe zu bestimmen. Das Mikroskop erschließt uns die Mikromerkmale des Pilzkörpers und eröffnet ganz neue Dimensionen. Aus der wissenschaftlichen Mykologie ist es nicht mehr wegzudenken.
Wie bereits erwähnt, wird sich ein erfahrener Pilzkenner auch in Sträuchern und Bäumen auskennen. Aufgrund der Begleitpflanzen kann er wiederum oft auf sauren oder kalkhaltigen Boden schließen.

6 Pilzkonservierung

Pilzsammler und Hobbypilzzüchter werden immer wieder von unerwartet großen Ernten überrascht, die nicht sofort verbraucht werden können. Da das Haltbarmachen des Nahrungsmittels Pilz schon immer für den Menschen eine große Rolle gespielt hat, haben sich verschiedene Methoden für die Pilzkonservierung entwickelt. Die Methode der Konservierung bestimmt die spätere Verwendung. Beim Verzehr konservierter Pilze ist immer darauf zu achten, daß keine Zersetzung begonnen hat. Verdorbene Pilze verändern Aussehen und Geruch. Schlecht gewordene Pilze dürfen nicht verzehrt werden. Die Behälter für konservierte Pilze sollten beschriftet werden. Inhalt und Tag der Haltbarmachung sind wichtig. Bei tiefgefrorenen Pilzen sind zusätzliche Angaben wie: roh eingefroren, blanchiert oder vorgedünstet nützliche Hinweise für die Entnahme.

Das Tiefgefrieren von Pilzen ist wohl zur beliebtesten Methode der Haltbarmachung geworden. Wichtig ist, daß die Pilze in geeigneten Portionen und Behältnissen schnell gefroren werden. Sie sollten bei –18 °C nicht länger als 6 Monate gelagert werden. Die Pilze blanchiert man am besten vor dem Einfrieren. Sie werden etwa 1 Minute in leicht gesalzenem Wasser gekocht, abgetropft und abgekühlt. Blanchierte Pilze fallen stark zusammen und benötigen weniger Platz in der Tiefkühltruhe.

Beim Trocknen muß der hohe Wassergehalt der Schwämme schnell und schonend entfernt werden. Sie müssen trocken sein, werden sauber geputzt, in Scheiben geschnitten und auf sauberen Tüchern ausgelegt oder auf Schnüren aufgereiht. Nachts kommen sie in trockene Räume. Die lufttrockneten Pilze trocknet man noch kurz bei künstlicher Wärme rascheldürr nach und bewahrt sie in luftdicht schließenden Gefäßen auf. Bewährt haben sich elektrische Dörrapparate. Gut getrocknete Pilze können ein paar Jahre aufbewahrt werden.

Früher hat man Pilze in Weckgläsern eingedünstet. Nach 10 Minuten Vordünsten wurden sie mit dem Saft in Gläser gefüllt und 60 Minuten lang bei 95 °C sterilisiert. Die Gläser ließ man abkühlen und erst am nächsten Tag wurde probiert, ob sie dicht waren. Wenn nicht, wurde nochmals sterilisiert.

Pilze in Öl ist eine Konservierungsmethode aus südlichen Ländern. Die geputzten Exemplare werden in Scheiben geschnitten, in 3 Teilen Essig und 1 Teil Wasser mit etwas Salz 10 Minuten lang gekocht, abgeseiht, abgekühlt und mit Gewürzen (Pfefferkörner, Lorbeer, Rosmarin) in Gläser gefüllt. Die Pilze werden mit Olivenöl bedeckt und, wenn keine Luftblasen mehr aufsteigen, luftdicht verschlossen. Kühl und dunkel aufbewahren. Sie sind etwa 6 Monate haltbar.

Pilze in Essig:
Die Pilze werden zunächst in Weinessig gereinigt und etwa 5 Minuten in Salzwasser blanchiert. In 1 Liter Essig und ½ Liter Wasser werden eine in Scheiben geschnittene Zwiebel, 5 Lorbeerblätter, 2 Eßlöffel Senfkörner, 3 Teelöffel Salz und 1 Teelöffel Zucker kurz gekocht. In diesen Sud gibt man die blanchierten Pilze und kocht sie nochmals 5 Minuten. Nach dem Erkalten füllt man alles zusammen mit dem Sud in Gläser, verschließt sie mit Zellglasfolie und bewahrt sie kühl auf. Essigpilze sind etwa 6 Monate haltbar.

7 Pilzzucht im Haus und Garten / Pilze im Handel

Der Bedarf an Speisepilzen kann durch das Sammeln von Wildpilzen schon lange nicht mehr gedeckt werden. Im Laufe der letzten Jahrzehnte haben sich zahlreiche Fachbetriebe auf die Zucht von Speisepilzen spezialisiert, welche die wachsende Nachfrage abdecken.

Brut für Zuchtchampignons, Riesenträuschlinge, Shii-Take-Pilzen und einigen anderen interessanten Arten wird häufig für Hobbygärtner angeboten. Die Herstellung der Pilzbrut ist recht kompliziert und erfolgt unter sterilen Bedingungen. Leider hat es noch kein Labor geschafft, Wildpilze wie Pfifferlinge, Steinpilze oder Rotkappen so zu entwickeln, daß erntereife Pilze gebildet werden. Die Schwierigkeiten sind kaum überwindbar, d.h. die natürlichen Bedingungen für die Fruchtkörperbildung sind weder ausreichend bekannt noch nachvollziehbar.

Champignonzucht

Die Anfänge zum Anbau dieses geschätzten Speisepilzes gehen bis ins 17. Jahrhundert zurück. In den Katakomben von Paris wurden auf Pferdemist die ersten Champignons gezüchtet. Die Anbaukapazitäten für die wohlschmeckenden Pilze wurden in den letzten Jahrzehnten erheblich gesteigert. Neue Sorten, verbesserte Methoden und Substrate sowie rationalisierte, vollklimatisierte Produktionsabläufe sorgen dafür, daß Champignons das ganze Jahr über preiswert angeboten werden.

Dem Hobbyzüchter stehen temperierte Räume mit einer Möglichkeit zur Steuerung der Luftfeuchtigkeit in der Regel nicht zur Verfügung. Die Ernten fallen deshalb oft recht bescheiden aus. Wer fertige Kisten oder Kunststoffsäcke mit beimpftem Substrat kauft und die Grundbedingungen im Haus einigermaßen einhalten kann, darf bereits nach wenigen Wochen mit dem Wachstum der Pilze rechnen. Nach etwa 3 Monaten ist das Substrat in der Regel erschöpft.

Riesenträuschlinge im Garten

Ohne große Investitionen läßt sich der Rotbraune Riesenträuschling an einer schattigen Stelle im Garten kultivieren. Kleingehacktes durchwässertes Weizenstroh wird im Frühjahr in 10 cm tiefen Beeten festgetreten. Die gekaufte Brut wird aufgelegt; darauf wird noch einmal eine gleichdicke Strohdecke eingebracht. Das Beet wird mit Plastiksäcken abgedeckt. Nach 5 Wochen ist das Myzel durchgewachsen, und eine Mischung aus 1 Teil Humus und 1 Teil Torf wird aufgetragen. Feuchthalten. Die Folie noch einmal ca. 3 Wochen auflegen. Dann beginnt das Wachstum. Im nächsten Jahr kann noch eine kleinere Ernte folgen. Weniger umständlich ist die direkte Beimpfung gut durchwässerter Strohballen; sie benötigen in jedem Fall Erdkontakt, 500 g Brut reichen für zwei Ballen.

Austernseitlinge im Garten

Vom Austernseitling werden verschiedene Sorten für die Zucht auf Stroh und Holz angeboten. Der Sommerausternseitling bildet Fruchtkörper bei Temperaturen zwischen 15 und 25 °C. Der Winterausternseitling bildet bei 4 bis 16 °C Fruchtkörper. Es gibt auch Stämme, die fast das ganze Jahr über fruktifizieren. Beim Einkauf muß die geeignete Sorte beim Brutlieferanten erfragt werden, der auch genaue Zuchtanleitungen mitliefert.

Für die Zucht auf Holz benötigt man Stämme von Laubhölzern wie Buche, Ahorn oder Pappel. Sie sollten einen Durchmesser von etwa 15 cm haben und dürfen nicht länger als 4 – 5 Monate geschlagen sein. Man schneidet 50 cm lange Stücke ab und gräbt sie an einem schattigen, feuchten Platz im Garten zur Hälfte in Erde ein. Die Stirnseite der Hölzer wird dann etwa einen cm hoch mit Pilzbrut belegt. Ein zweites, gleich langes Holzstück wird aufgelegt und die Kontaktstelle mit Plastikfolie gut umwickelt. Dann läßt man die Hölzer 6 Monate ruhen. Nach dieser Einwachszeit wird die Folie abgenommen, das obere Holzstück gedreht und ebenfalls 25 cm tief in die Erde eingegraben. Die Impfstelle muß nach oben zeigen. Die Impfmethode kann variiert werden. Bei der Bohrlochmethode wird das Substrat in Bohrlöcher von 2 cm Durchmesser eingefüllt. Bei der Keilimpfung werden keilförmige Stücke an Stümpfen ausgesägt, mit Substrat befüllt, und die Keile wieder eingedrückt. In jedem Fall werden die Öffnungen gut verschlossen. Austernseitlinge tragen auf Holz erfahrungsgemäß im Spätherbst des ersten Jahres Fruchtkörper, wenn die Impfung im Frühjahr stattgefunden hat. Das Wachstum wiederholt sich in den nächsten Jahren.

Um die Jahrhundertwende verwendete man für die Austernpilzzüchtung ausschließlich Holz. Zwischenzeitlich fand man heraus, daß es auf Stroh wesentlich schneller geht. Der Aufwand jedoch ist nicht gering. Erforderlich sind Geräte oder Maschinen zum Zerkleinern und Fermentieren des Strohs, ferner benötigt man klimatisierte Räume zur Steuerung der Temperatur und der Luftfeuchtigkeit. Außerdem ist während der Fruchtkörperbildung Beleuchtung erforderlich. Der Hobbyzüchter hat also einige Mühe, mit seinen oft bescheidenen Möglichkeiten Kulturerfolge auf Stroh zu erzielen. Die Gesamtdauer von der Impfung bis zur ersten Ernte beträgt nur 12 – 15 Wochen. Mit dieser kurzen Einführung in die Pilzzucht in Haus und Garten soll der experimentierfreudige Hobbygärtner und Liebhaber angeregt werden, es einmal mit der Zucht feiner Speisepilze selbst zu probieren. Selbstverständlich kann hier nur Grundwissen vermittelt werden. Wie so oft im Leben muß man wohl auch Lehrgeld bezahlen. Gekaufte Pilze sind oft viel preiswerter. Schließlich überwiegt jedoch selbst bei kleinen Ernten der Spaß an der Sache.

Pilze im Handel

Pilzliebhaber können heute das ganze Jahr und fast überall ihre Delikatessen kaufen. Was für selbstgesammelte Wildpilze gesagt wurde, gilt natürlich auch für die Pilze des Handels. Man muß darauf achten, daß sie nicht zu alt sind; jung und frisch schmecken sie eben am besten. Ängstliche Zeitgenossen haben zudem den Vorteil, daß Verwechslungen bei Zuchtpilzen ausgeschlossen sind.
Für den Verkauf von Wildpilzen gelten lokale Marktordnungen. Angeboten werden meist gut haltbare Arten. Viele Waldpilze kommen oft aus dem Ausland und haben einen weiten Transportweg hinter sich. Sachverstand und ein kritisches Auge sind auch beim Kauf von Marktpilzen wichtig.

8. Nährwert und Bedeutung der Pilze

Pilze enthalten pflanzliches Eiweiß und eine stattliche Anzahl an Vitaminen. Nicht nur in Notzeiten werden sie als Fleisch des Waldes bezeichnet und bieten eine wertvolle Ergänzung zu eiweißarmer Kost. Die Pilzzellwände werden allerdings nur zum Teil von den Verdauungssäften des Körpers aufgearbeitet. Pilze sollten deshalb immer möglichst fein gehackt, gut gekocht und gründlich gekaut werden. Ihr Nährwert entspricht zartem Gemüse.

Rohe Pilze empfehlen wir nicht für den Verzehr. Sie sind schwer verdaulich, und selbst feine Speisepilze können bei empfindlichen Personen Magenbeschwerden verursachen.

Die große Beliebtheit der kalorienarmen Pilze beruht auf ihrem hohen Gehalt an feinen Geschmacks- und Aromastoffen. Sie sind richtig zubereitet als Delikatessen geschätzt und bringen erfreuliche Abwechslung in die Küche.

Ihr Aroma sollte durch zu starkes Kochen und Würzen nicht beeinträchtigt werden. Zu Recht verlangen Gourmets auch in Restaurants frische Pilze, denn in Dosen konserviert haben sie viel von ihrem besonderen Geschmack verloren. Eine Ausnahme machen getrocknete Würzpilze, auf die wir in unserem Buch besonders hinweisen.

In der Volksheilkunde spielten früher einige Pilze eine große Rolle. Mit dem Fortschritt der Medizin und Pharmazie sind diese alten Heilmittel in Vergessenheit geraten, und nur aus nostalgischen Gründen soll ihre frühere Verwendung hier erwähnt werden; von Anwendungen ist dringend abzuraten. Das Judasohr wurde früher auf entzündete Augen gelegt, und Sporenpulver verschiedener Stäublinge diente als Wundpulver und Kinderpuder. Das holzige Fleisch des Echten Zunderschwamms wurde aufbereitet und als blutungsstillendes Mittel verwendet. Der brennend scharf schmeckende Pfeffermilchling fand Anwendung bei Blasensteinen. Der Hallimasch soll seinen Namen wegen seiner Heilwirkung bei Hämorrhoiden erhalten haben. In den Alpenländern war der Lärchenporling als Bitterstoffdroge gesucht und hoch bezahlt.

In der Medizin werden pharmazeutisch aufbereitete Wirkstoffe des Mutterkorns in der Frauenheilkunde genutzt. Aus Trichterlingen und anderen Arten hat man antibiotisch wirkende Stoffe isoliert. Auf die enorme Bedeutung verschiedener Schimmelpilzarten, aus denen hochwirksame Antibiotika isoliert wurden, sowie auf die Bedeutung von Hefen bei der alkoholischen Gärung und bei der Brotzubereitung sei hier nur kurz hingewiesen.

9 Umweltbelastete Wildpilze

Eine Gefahr für Mensch und Tier stellen in der Natur nicht abbaubare industrielle Schadstoffe wie Blei, Cadmium und Quecksilber dar, die über unsere Nahrungsmittel in den menschlichen Körper gelangen.

Hohe Belastungen treten vor allem in der Nähe stark befahrener Straßen, gewisser Industrieanlagen, in Städten und bei Müllverbrennungsanlagen auf, wo man ohnehin keine Pilze und Wildkräuter sammeln sollte – aber wo bleibt die Konsequenz zum Gemüse neben der Autobahn? Die Belastung ist bei weißhütigen, bei Berührung gilbenden und nach Anis riechenden Egerlingen hoch. Gelegentliche Pilzmahlzeiten sind kaum als bedenklich zu bezeichnen, wenn man in natürlicher Umgebung sammelt und auf die erwähnten Egerlingsarten verzichtet. Für Zuchtpilze gelten diese Verzehrseinschränkungen nicht.

Verschiedene Wildpilzarten speichern radioaktives Caesium in unterschiedlich hohem Maße. Messungen an Pilzen, die vor dem Reaktorunfall in Tschernobyl gesammelt wurden, zeigten ebenfalls erhöhte Cäsiumwerte. Noch belastet sind Maronenröhrlinge, Reifpilz, Täublinge und Milchlinge, Hexenröhrlinge sowie der Birkenpilz. Nur gering belastet sind Steinpilze, Pfifferlinge und Riesenschirmlinge. Praktisch unbelastet sind Schopftintlinge und Rotkappen.

Das Risiko scheint mit zeitlichem Abstand zum Unglück im Bewußtsein der Bevölkerung in Vergessenheit zu geraten. Waldpilze werden wieder wie früher gesammelt. Vorsorglich empfehlen wir das Sammeln unkritischer Arten in gering belasteten Gebieten. Gegebenenfalls ist auf Hinweise der Behörden in Tageszeitungen zu achten. Unser Tip für vorsichtige Zeitgenossen: Zuchtpilze gelten auch bezüglich radioaktiver Belastung als unbedenklich.

10 Gefahren im Wald

Pilzsammler werden immer wieder vor dem Verzehr roher Waldpilze und Beeren gewarnt. Das Risiko einer Tollwutinfektion oder einer Infektion mit dem Kleinen Fuchsbandwurm besteht in gefährdeten Gebieten. Weder Panik noch Leichtsinn sind angebracht. Wir raten vom Rohgenuß der Waldpilze, Wildkräuter und Beeren ab. Sie sollten vor dem Verzehr gründlich gewaschen oder besser abgekocht werden. Alles Gekochte, Gebackene und Gebratene kann unbedenklich verzehrt werden.

Unerfreuliche Mitbringsel von der Pilzsuche sind Zecken. Schutzmaßnahmen sind Repellents, die man vor dem Waldgang aufträgt, sowie feste Kleidung mit Kopfbedeckung und hohen Stiefeln. Die Plagegeister sitzen nicht nur auf Bäumen und Büschen, sondern auch an Gräsern und können an den Beinen hochkrabbeln. Nach dem Waldbesuch sollte man den Körper auf Zecken absuchen. Haben sie sich festgebissen, entfernt man sie am besten mit einer Pinzette.

Zecken können zwei verschiedene Krankheitserreger übertragen. Die Gefahr einer Frühsommer-Meningo-Enzephalitis, kurz FSME genannt, kann durch eine frühzeitige Schutzimpfung, der sich jeder Waldgänger unterziehen sollte, gebannt werden. Das Risiko, einer Erkrankung an Borreliose ist wesentlich höher. Wenn sich nach dem Zeckenbiß eine ringförmige Rötung an der Bißstelle bildet und grippeähnliche Zustände auftreten, muß dringend ein Arzt aufgesucht werden, der die Erkrankung durch eine Blutuntersuchung erkennen und behandeln kann. Vorbeugende Impfungen gegen Borreliose gibt es nicht.

PLEUROTUS OSTREATUS

Austernpilz
Austernseitling

Hut:
5 – 15 (bis 30) cm breit, spatel- bis muschelförmig; Oberfläche glatt, kahl, glänzend, feucht klebrig, verschiedenfarbig: graulila, graubraun, graublau, schiefergrau bis schwarzviolett, bei Zuchtformen fast weiß; Rand anfangs eingerollt, später eingebogen.

Lamellen:
gedrängt, herablaufend, unterschiedlich lang, in Stielnähe queradrig verbunden, jung weißlich, später gelblich; Schneiden wellig bis schwach gekerbt.

Stiel:
sehr kurz und dick, exzentrisch oder fast seitlich am Hut sitzend, oft nur schwach ausgebildet oder fehlend; Basis filzig; meist büschelig verwachsen.

Fleisch:
jung weich und weiß, später zäh, faserig; Geruch würzig; Geschmack mild.

Vorkommen:
besonders im Spätherbst parasitisch und saprophytisch an Stämmen und Stümpfen von Laubbäumen, selten an Nadelholz.

Verwendung:
sehr guter Speisepilz, der auch „Kalbfleischpilz" genannt wird. Sein Fleisch ist selten von Maden befallen. Im Alter wird das Fleisch zäh.

Verwechslungsmöglichkeiten:
Der Austernseitling kann mit dem Gelbstieligen Muschelseitling verwechselt werden, der zur gleichen Jahreszeit an Laub- und Nadelholz wächst. Er ist kleiner, hat einen olivgrünen bis olivgelben Hut, sein Stiel ist gelb bis olivgrün; das Fleisch schmeckt nach längerem Kauen bitter und ist für die Küche nicht zu empfehlen.

Feldsalat mit Austernseitlingen

Zutaten für 4 Personen:

250 g Austernpilze
150 g Feldsalat
20 g Butter
Pfeffer, Salz,
etwas Chilipulver
1 – 2 Eßlöffel Essig
1 – 2 Eßlöffel Öl
1 Eßlöffel Sherry
nach Geschmack etwas Zucker

Den Feldsalat waschen, säubern und in einem Sieb abtropfen lassen.

Die Austernpilze putzen, große teilen und in Butter goldgelb braten, dabei immer wieder wenden. Dauer ca. 5 Minuten. Mit Pfeffer, Salz, Chilipulver würzen und warm stellen.

Salatdressing aus Essig, Öl, Pfeffer, Salz, Zucker und Sherry herstellen, über den Feldsalat geben und untermischen.

Die Pilze auf dem Salat verteilen.

Nach Geschmack mit Zwiebelringen und gerösteten Weißbrot- und Speckwürfeln garnieren.

Austernseitlinge in Bierteig gebacken

Zutaten für 2 – 4 Personen:

200 g Austernseitlinge, möglichst junge Pilze
2 – 3 Stengel Gartenkerbel
90 g Mehl
1 Eiweiß
½ Tasse Bier
Salz, Weißer Pfeffer gemahlen
Ausbackfett

Die geputzten und gewaschenen Pilze salzen, pfeffern und mit kleingeschnittenem Kerbel würzen. In eine Schüssel schichten und mindestens 10 Minuten ziehen lassen.

Das Eiweiß steif schlagen. In einem weiteren Gefäß einen dickflüssigen Teig aus Mehl, Bier und Salz rühren. Das Eiweiß unterheben. Nun die Pilze in den Bierteig tauchen und im heißen Fett schwimmend goldgelb ausbacken.

Als köstliche Vorspeise oder als Hauptgericht mit Remouladensauce und grünem Salat servieren.

LECCINUM SCABRUM

Birkenpilz

Gemeiner Birkenpilz

Hut:
5 – 15 cm breit, jung halbkugelig, später polsterförmig; Oberfläche glatt, kahl, feucht schmierig, gelbbraun, graubraun bis rötlichbraun.

Röhren:
1 – 3 cm lang, kissenartig vorgewölbt, am Stiel tief ausgebuchtet, angewachsen, leicht vom Hutfleisch ablösbar, weißlich, später graulich; Poren klein, weißlich, später gräulich, an Druckstellen bräunlich.

Stiel:
bis 15 cm lang und bis 3 cm dick, schlank, nach oben verjüngt, weißlich, mit grauen, später schwärzlichen Schüppchen bedeckt, die im oberen Teil des Stiels manchmal längsstreifig angeordnet sind.

Fleisch:
jung fest, bald schwammig, weißlich, später grauweiß, im Schnitt nicht verfärbend; Geruch angenehm, aromatisch, Geschmack mild, säuerlich.

Vorkommen:
Juni bis Oktober, unter Birken in Wäldern, Heiden und Mooren.

Verwendung:
eßbar, das Fleisch wird beim Kochen schwärzlich.

Verwechslungsmöglichkeiten:
Der Gemeine Birkenpilz hat einige ähnliche Verwandte, außerdem sind ein paar Kleinarten beschrieben. Unter den Rauhstielröhrlingen gibt es keine Giftpilze.

Pilz-Rouladen in Rotweinsauce

Zutaten für 4 Personen:

150 g Waldpilze oder Zuchtpilze
1 Lauchzwiebel
50 g durchwachsenen Räucherspeck
2 Eigelb
Salz, Schwarzer Pfeffer gemahlen
4 Rinderrouladen (jeweils ca. 100 g)
12 Kapern
30 g Butterschmalz
1 Päckchen Bratensauce
3 Eßlöffel Rotwein

Pilze säubern und in sehr kleine Stücke schneiden.

Lauchzwiebel mit den grünen Röhrenblättern dünn schneiden.

Speck in Würfel schneiden und in einer Pfanne knusprig anbraten. Zerkleinerte Zwiebel und Pilze zugeben und braten, bis die Flüssigkeit verkocht ist. Dauer etwa 5 Minuten.

Die Pfanne von der Kochplatte nehmen, die Eigelbe untermischen und mit Salz und Pfeffer würzen.

Die Füllung auf den ausgelegten Fleischscheiben verteilen, je Roulade 3 Kapern dazugeben und zusammenrollen, mit Küchengarn umwickeln und mit Salz und Pfeffer würzen.

Butterschmalz in einem Bräter erhitzen, Rouladen rundum kräftig anbraten.

Fertigbratensauce mit ¼ Liter heißem Wasser anrühren, zum Bratenfond geben und die Rouladen in der Sauce zugedeckt weichkochen. Dauer etwa 30 Minuten.

Sobald die Sauce eindickt, etwas Wasser zugeben. Am Schluß mit Rotwein verfeinern.

SUILLUS LUTEUS

Butterpilz
Butterröhrling

Hut:
5 – 12 cm breit, jung halbkugelig, dann polsterförmig, gelbbraun bis schokoladenbraun; Oberfläche glatt, feucht schleimig-schmierig, trocken glänzend, matt, radial-gefasert; Haut abziehbar; Rand anfangs mit dem Stiel durch einen häutigen Schleier verbunden, der als bräunlicher Ring am Stiel bleibt.

Röhren:
angewachsen oder schwach herablaufend; Röhren bis 12 mm lang, zitronengelb, später etwas olivgelb; Poren klein, eckig, wie die Röhren gefärbt.

Stiel:
bis 6 cm lang, bis 2 cm breit, zylindrig bis etwas verdickt, voll, fest, gelblich, über dem Ring mit blaßbräunlichen Drüsenkörnchen.

Fleisch:
zart, weich, gelb-weißlich; Geruch obstartig, Geschmack mild, säuerlich.

Vorkommen:
Juni bis November, unter Kiefern.

Verwendung:
eßbar, doch sind in sehr seltenen Fällen individuelle Unverträglichkeitserscheinungen bekannt geworden. Personen, die nach dem Genuß Beschwerden haben, dürfen den Pilz nicht verzehren.

Verwechslungsmöglichkeiten:
Es gibt keine giftigen Doppelgänger.

Pilzauflauf

Zutaten für 4 Personen:

500 g Butterpilze oder Zuchtpilze
250 g Lauch (eine mittelgroße Stange)
100 g durchwachsenen Räucherspeck
2 Eier
Schwarzer Pfeffer gemahlen, Salz
150 g Gouda-Käse in Scheiben
Rosenpaprika gemahlen

Die Pilze säubern und zerkleinern.

Den Lauch waschen und in schmale Scheiben schneiden.

Den Speck kleinwürfeln und in der Pfanne anbraten. Lauch und die zerkleinerten Pilze dazugeben. Etwa 10 Minuten unter ständigem Wenden braten.

Mit Pfeffer und Salz würzen.

Die Eier verquirlen. Eine Auflaufform einfetten, die vorbereitete Masse einfüllen und 40 Minuten bei 200° C im Backofen backen.

Kurz vor Ende der Backzeit die Käsescheiben auflegen und mit Paprika bestreuen.

COLLYBIA BUTYRACEA

Butter-Rübling

Hut:
4 – 7 cm breit, gewölbt-ausgebreitet, oft stumpf gebuckelt, im Alter abgeflacht; Oberfläche kahl, glatt, feucht fettig glänzend, +/– rotbraun mit dunklerer Mitte, hygrophan, Rand jung eingerollt, alt hochgebogen.

Lamellen:
ausgebuchtet, schmal angeheftet, gedrängt, weich, weiß bis schmutzig weiß, Schneiden oft schartig-gesägt.

Stiel:
4 – 8 cm lang, elastisch-zäh, voll, zuletzt hohl, zur Basis hin aufgeblasen, rotbraun, weißlich faserig-längsgestreift, Basis meist filzig.

Fleisch:
elastisch, zäh, dünn, weißlich, blaß, Geschmack mild, Geruch würzig.

Vorkommen:
Juli bis November, meist gesellig im Laub- und Nadelwald, auf nährstoffarmen, sauren Böden, gern in der Nadelstreu der Fichten.

Verwendung:
eßbar, eignet sich für Mischpilzgerichte.

Verwechslungsmöglichkeiten:
Der nahe verwandte Horngraue Rübling hat eine horngraue Hutfarbe und bevorzugt nährstoffreichere Böden, ansonsten unterscheidet er sich kaum; er ist ebenfalls eßbar.

Grüne Nudeln mit Pilz-Lachs-Sauce

Zutaten für 4 Personen:

- 250 g Mischpilze oder Champignons
- 250 g Grüne Bandnudeln
- 2 Eßlöffel frische Kräuter (Petersilie, Dill oder Basilikum)
- 200 g Räucherlachs in Scheiben
- 30 g Butter
- 1 gehäufter Teelöffel Mehl
- 1/8 Liter Gemüsebrühe
- 2 Eßlöffel Crème fraîche
- 1 Teelöffel Zitronensaft
- Weißer Pfeffer gemahlen

Die Bandnudeln in reichlich kochendem Salzwasser „al dente" kochen (8 bis 10 Minuten) und in einem Sieb abtropfen lassen, warm halten.

Die Pilze säubern, waschen und in Scheiben schneiden. Würzkräuter waschen, trockenschütteln und kleinhacken.

Den Räucherlachs in kleinere Stücke schneiden.

Die Pilze mit den Kräutern bei starker Hitze in Butter braten, bis die Flüssigkeit verdampft ist; Dauer etwa 4 Minuten. Dabei oft wenden.

Dann Mehl einstreuen und die heiße Gemüsebrühe angießen und glattrühren. Lachsstücke und Crème fraîche untermischen.

Mit Zitronensaft und Pfeffer würzen.

Pilz-Lachs-Sauce auf die Bandnudeln geben und servieren.

AGARICUS HORTENSIS

Champignon

Zucht-Champignon

Zucht-Egerling

Hut:
5 – 10 cm breit, anfangs rundlich, lange halbkugelig gewölbt, später abgeflacht-ausgebreitet; Oberfläche fein faserig-schuppig, jung weiß, bei Druck fleckend; es gibt auch Zuchtrassen mit bräunlichem Hut.

Lamellen:
dichtstehend, jung rosa, alt schokoladenbraun.

Stiel:
kurz, fest, voll, bisweilen etwas hohl, weiß; Ring häutig.

Fleisch:
weiß, im Schnitt leicht rosa färbend, dickfleischig; Geruch und Geschmack angenehm.

Sporenpulver:
purpurbraun.

Vorkommen:
Der Zucht-Champignon wird in verschiedenen Rassen kultiviert und das ganze Jahr über angeboten. Beim Kauf sollte man darauf achten, daß die Lamellen noch nicht dunkel verfärbt sind.

Verwendung:
Ausgezeichneter Speisepilz.

Quiche mit Champignons

Zutaten für 4 Personen:

1 Packung Blätterteig tiefgefroren (300 g)

Für den Belag:
350 g Champignons
2 Lauchzwiebeln (100 g) geschnitten
30 g Butter
Salz, Weißer Pfeffer, frisch gemahlen
2 Eier
200 ml saure Sahne
etwas frisch geriebene Muskatnuß
150 g durchwachsenen Räucherspeck in Scheiben

Die gefrorenen Blätterteigscheiben in Größe der Backform nebeneinander legen und bei Raumtemperatur auftauen lassen (5 Minuten). Die Teigränder der Scheiben mit Wasser befeuchten, fest zusammendrücken, die gefettete Backform damit auslegen, bei einer runden Form die Teigränder abschneiden.

Champignons waschen und blättrig schneiden.

Lauchzwiebeln mit den grünen Röhrenblättern in dünne Scheiben schneiden.

Butter in der Pfanne erhitzen, Zwiebel und Pilze darin 4 Minuten anbraten. Mit Salz und Pfeffer würzen.

Die Eier in einer Schüssel verquirlen, saure Sahne unterrühren und mit Muskat würzen.

Den Blätterteig mit den Speckscheiben auslegen, Champignons und Zwiebel darauf verteilen und mit der Eier-Sahne-Masse übergießen.

Die Quiche im vorgeheizten Backofen bei 200° C etwa 25 Minuten backen.

Heiß servieren. Dazu paßt Blattsalat.

Steaks mit Champignons

Zutaten für 4 Personen:

250 g Champignons
6 Eßlöffel Öl
2 Knoblauchzehen
4 Rinderfilets (je 140 – 150 g)
30 g Butter
2 Eßlöffel gehackte, würzige Kräuter (dazu passen frische Herbes de Provence)
Salz, Weißer Pfeffer gemahlen

Das Öl in einen Teller geben, die Knoblauchzehen schälen und durch eine Knoblauchpresse in das Öl drücken. Die Steaks darin wenden, aufeinanderlegen und mindestens eine halbe Stunde stehen lassen.

Die Champignons säubern, waschen und blättrig schneiden.

Butter in einer Pfanne zergehen lassen, Pilze und die halbe Menge der Kräuter darin braten, bis die austretende Flüssigkeit verdampft ist, dabei oft wenden. Mit Salz und Pfeffer würzen. Vom Herd nehmen und warmhalten.

Die Fleischstücke mit dem Knoblauchöl in einer Bratpfanne bei starker Hitze etwa 4 Minuten auf jeder Seite braten.

Die vorbereiteten, warm gehaltenen Pilze auf den Steaks verteilen und mit der restlichen Kräutermischung bestreuen.

Tip:

Wenn Sie keine frischen Würzkräuter zur Verfügung haben, nehmen Sie fertige Kräuterbutter statt der Butter.

Champignons ausgebacken

Zutaten für 4 Personen:

400 g Champignons (möglichst kleine Pilze)
1 Ei
1 Eßlöffel Provencekräuter getrocknet
4 gehäufte Eßlöffel Semmelbrösel
Salz
Ausbackfett

Pilze säubern und in gesalzenem Wasser 5 Minuten kochen, abseihen und gut abtropfen lassen.

Das Ei verquirlen, die Provencekräuter zugeben und leicht salzen.

Die Pilze zuerst in der Ei-Kräutermasse, dann in den Semmelbröseln wenden.

In heißem Fett goldgelb ausbacken.

Tip:
Für dieses Gericht bieten sich auch Champignons aus der Dose an. Ausgebackene Champignons passen gut als Vorspeise, zum Kalten Büfet und als Beilage zu Hauptgerichten.

Forellen in Champignons

Zutaten für 4 Personen:

250 g Zuchtchampignons oder junge Wiesenchampignons
4 Forellen
Salz, Weißer Pfeffer gemahlen
30 g Butter
1 Zitrone
100 ml Weißwein, trocken
200 ml Sahne
1 Teelöffel Speisestärke
2 Zweiglein Zitronenmelisse

Pilze waschen, in dünne Scheiben schneiden.

Forellen waschen, trockenreiben, innen und außen salzen, pfeffern und mit einem kleinen Teil der Pilze füllen.

Butter in einem größeren, flachen Topf zergehen lassen, Forellen und die restlichen Pilze hineinlegen und die Forellen mit dem Saft einer halben Zitrone beträufeln.

Den Weißwein hinzugießen und zugedeckt alles etwa 15 Minuten garen.

Sahne mit der Speisestärke verrühren und den Pilz-Fischsud andicken.

Mit Zitronenscheiben und Zitronenmelisse garnieren.

Tip:
Schön knusprig werden die Forellen, wenn man das Gericht noch ein paar Minuten unter den Grill schiebt.

Spargel mit Pilzen in Sauce Hollandaise

Zutaten für 4 Personen:

75 g frische Morcheln (oder 15 g getrocknete Morcheln)
300 g Champignons
20 g Butter
Salz, Pfeffer

1 kg Spargel
10 g Butter
1 gestrichener Teelöffel Zucker für den Sud

Für die Sauce:
1 Beutel Fertigsauce Hollandaise
125 g Butter

Spargelstangen schälen, zusammenbinden.

In einem hohen Topf in leicht gesalzenem Wasser mit Zucker und Butter etwa 15 Minuten weichkochen, dabei sollen die Spargelköpfe nach oben zeigen.

Abseihen und auf einer Platte warm halten.

Für die Sauce Hollandaise den Beutelinhalt in ⅛ Liter lauwarmes Wasser mit dem Handrührgerät einrühren. Unter Rühren aufkochen. Von der Kochplatte nehmen, abkühlen lassen und die weiche Butter in kleinen Stücken nach und nach unterrühren.

Kleine Morcheln halbieren, größere in vier Teile schneiden, waschen und abtropfen lassen. Champignons waschen und in Stücke schneiden.

Mit den Morcheln zusammen in einer Pfanne etwa 6 Minuten in Butter anbraten. Mit Salz und Pfeffer würzen.

Angebratene Pilze mit den gekochten Spargelstangen und der Sauce Hollandaise servieren.

Tip:
Wenn Sie getrocknete Morcheln verwenden, müssen diese etwa 1 Stunde in lauwarmem Wasser eingeweicht werden. Danach abseihen und wie frische Morcheln verwenden.

LACTARIUS DELICIOSUS

Echter Reizker
Edel-Reizker

Hut:
5 – 12 cm breit, anfangs gewölbt, bald mit niedergedrückter Mitte, alt trichterförmig; Oberfläche klebrig, feucht schmierig-schlüpfrig, orangefarben, konzentrisch gezont, alt +/– grünfleckig; Rand jung eingerollt, alt oft wellig verbogen.

Lamellen:
dichtstehend, leicht herablaufend, blaßorange bis orangeocker, alt grünend.

Stiel:
bis 7 cm lang, bis 2,5 cm breit, bald hohl, brüchig, blaßorange mit dunkelorangen Gruben, fein bereift.

Fleisch:
jung fest, später brüchig, mürbe; Milch karottenrot, langsam verblassend, zuletzt leicht grünend; Geruch angenehm, Geschmack mild.

Sporenpulver:
blaßocker.

Vorkommen:
August bis Oktober, unter Kiefern auf neutralen bis kalkhaltigen Böden.

Verwendung:
guter Speisepilz, eignet sich gut zum Braten.

Wissenswertes:
Es gibt noch mehrere unter Kiefern, Fichten und Tannen wachsende Milchlinge mit orangefarbener bis weinroter Milch; deren Bestimmung ist nicht immer ganz einfach. Der Echte Reizker ist am schmackhaftesten. Unter Birken wächst ein giftiger Doppelgänger, der Birken-Milchling; er führt weißen Milchsaft.

Pilze gebraten mit Speck und feinen Kräutern

Zutaten für 4 Personen:

500 g Reizker oder Egerlinge
1 Bund frische Gewürzkräuter gemischt (Petersilie, Dill, Majoran, Basilikum, Estragon)
75 g durchwachsenen Räucherspeck
40 g Butter
Salz, Pfeffer frisch gemahlen

Die Pilze von Sand und Humusresten säubern und in dünne Scheiben schneiden.

Die Kräuter waschen, mit Haushaltspapier trockentupfen und kleinhacken.

Den Speck in kleine Würfel schneiden und kurz anbraten, aus der Pfanne nehmen und warmhalten. Danach die Butter in der Pfanne zergehen lassen, die Hälfte der Kräuter und die Pilze darin braten bis die austretende Flüssigkeit verdampft ist, dabei oft wenden, Dauer 8 – 10 Minuten.

Danach die Speckwürfelchen und die restlichen gehackten Kräuter unter die Pilze mischen. Mit Salz und Pfeffer würzen.

Anstelle frischer Gewürzkräuter können Sie auch Kräuterbutter verwenden.

Mit frischem Baguette serviert eine ideale Vorspeise.

Tip:
Für dieses Standardrezept können Sie fast alle Zucht- und Waldpilze verwenden.

TRICHOLOMA TERREUM

Erdritterling

Hut:
4 – 8 cm, anfangs glockig, dann ausgebreitet, Mitte mit stumpfem Buckel; Oberfläche matt, trocken, radialfaserig, Fasern mausgrau bis nahezu schwarz; Rand scharf, etwas heruntergebogen, im Alter bisweilen eingerissen.

Lamellen:
ausgebuchtet, zahnartig herablaufend, ziemlich engstehend, blaßgrau, besonders zum Rand hin; Schneiden oft gekerbt.

Stiel:
4 – 8 cm lang, 1 – 1,5 cm breit, zylindrisch, alt hohl, gebrechlich, weiß bis blaßgrau, glatt.

Fleisch:
dünn, zerbrechlich, weißlich bis grauweiß, fast geruchlos; Geschmack mild.

Sporenpulver:
weiß.

Vorkommen:
September bis November, meist gesellig unter Fichten und Kiefern auf kalkhaltigen Böden.

Verwendung:
eßbar, wohlschmeckend.

Verwechslungsmöglichkeiten:
Es gibt verschiedene ähnliche Ritterlinge, deren Bestimmung oft Schwierigkeiten bereitet. Einzelne Arten mit schuppigem Hut sind ungenießbar. Giftig ist der Tiger-Ritterling.

Blätterteig-Pasteten mit Erdritterlingen

Zutaten für 4 Personen:

Kleines Gericht oder Vorspeise

250 g Erdritterlinge oder Zuchtpilze
½ kleine Zwiebel
50 g gekochten, mageren Schinken
30 g Butter
12 Kapern
Salz, Weißer Pfeffer gemahlen
100 ml Sahne
2 Eigelb
4 Blätterteigpasteten, fertig gekauft

Die Pilze säubern, kleinschneiden, die Zwiebel schälen, kleinhacken, den Schinken in kleine Stücke schneiden.

Pilze zusammen mit der gehackten Zwiebel in Butter anbraten. Etwa 10 Minuten unter ständigem Wenden bei starker Hitze braten, bis die austretende Pilzflüssigkeit verkocht ist.

Den kleingeschnittenen Schinken und die Kapern zugeben. Mit Pfeffer und Salz würzen.

Zum Schluß die Sahne mit den Eigelben verquirlen, unter die Masse rühren, kurz aufkochen lassen.

In die im Backofen knusprig aufgebackenen heißen Pasteten einfüllen.

Tip:
Wenn Sie keine Pasteten vorrätig haben, können Sie aus tiefgefrorenem Blätterteig diese selbst herstellen.

STROBILURUS ESCULENTUS

Fichtenzapfen-Nagelschwamm

Hut:
1 – 3 (– 4) cm breit, jung gewölbt, später ausgebreitet-konkav, bisweilen etwas gebuckelt; Oberfläche kahl, matt, oft etwas radialrunzelig, hellbraun, graubraun bis dunkelbraun, selten fast weiß.

Lamellen:
fast gedrängt, angeheftet bis fast frei, weißlich bis blaßgrau; Schneiden glatt.

Stiel:
2 – 5 (– 8) cm lang, dünn, zäh, hohl, glatt, matt, jung weißlich, später nach unten gelb-rostbraun, nach oben heller, mit bis 10 cm langer, faseriger Wurzel auf vergrabenen Fichtenzapfen wurzelnd.

Fleisch:
dünn, weiß, etwas zäh, Geruch schwach würzig, Geschmack mild pilzartig.

Sporenpulver:
weißlich.

Vorkommen:
März bis Mai, meist gesellig auf im Humus vergrabenen Fichtenzapfen.

Verwendung:
eßbar, die Stiele sind zäh.

Wissenswertes:
Der Pilz kann bereits im März in Fichtenwäldern in Massen auftreten, so daß sich das Sammeln für ein kleines Frühlings-Pilzgericht lohnt. An Kiefernzapfen erscheinen im Frühling zwei ähnliche Arten: der mild schmeckende, eßbare Kiefernzapfen-Nagelschwamm und der bitter schmeckende Kiefernzapfen-Nagelschwamm.

Eier mit Pilzfüllung

Zutaten für 4 Personen:

Kleines Gericht oder Vorspeise

50 g Fichtenzapfenrüblinge
4 Eier
20 g Butter
4 Eßlöffel Sahne
Salz, Pfeffer
Dill zum Garnieren
2 Sardellenfilets

Eier etwa 10 Minuten hartkochen.

Pilze säubern, etwas zerkleinern und in 5 g Butter 2 Minuten anbraten. Mit Salz und Pfeffer würzen. Abkühlen lassen.

Eier schälen, halbieren und das Eigelb herausnehmen.

Eigelbe zerdrücken und mit der restlichen weichen Butter, der Sahne und den Pilzen mischen.

Diese Masse in die Eihälften füllen.

Mit Dillspitzen garnieren; nach Geschmack Sardellenfilets auflegen.

Pilzeier passen gut als Vorspeise, als kleine Gerichte und zum Kalten Büfett.

BOLETUS LURIDIFORMIS

Flockenstieliger Hexenröhrling
Schusterpilz

Hut:
8 – 20 cm breit, anfangs halbkugelig, später polsterförmig, Oberfläche samtig, matt, alt kahl, glänzend, feucht klebrig-schmierig, meist dunkelbraun, bisweilen auch heller; der Rand überragt die Röhren etwas.

Röhren:
1 – 3 cm lang, blaßgelb, gelboliv, am Stiel ausgebuchtet angewachsen, Röhrenboden gelb; Poren eng, ganz jung gelblich, bald orange bis dunkelrot, zum Rand hin gelblich, bei Berührung sofort wie die Röhren schwarzblau verfärbend.

Stiel:
4 – 15 cm lang, 2 – 4 cm dick, anfangs bauchig, später gestreckt, keulig, kräftig, voll, auf gelblichem Grund dicht mit karminroten Schüppchen bedeckt, auf Druck blauend.

Fleisch:
fest, alt weich, gelb, im Schnitt sofort dunkelbau verfärbend, aber bald ausblassend; Geschmack mild, angenehm, ohne besonderen Geruch.

Sporenpulver:
olivbraun.

Vorkommen:
Ende Mai bis Oktober, im Laub- und Nadelwald, auf sauren Böden.

Verwendung:
guter Speisepilz, nicht roh verzehren.

Verwechslungsmöglichkeiten:
Mit anderen, teilweise giftigen, rotporigen Röhrlingen. Der Flockenstielige Hexenröhrling ist durch seinen braunen Hut, rote Poren, rotflockigen Stiel und blauendes Fleisch gut charakterisiert.

Makkaroni-Auflauf mit Röhrlingen

Zutaten für 4 Personen:

500 g Röhrlinge oder Zuchtpilze
375 g Makkaroni
50 g durchwachsenen Räucherspeck
20 g Butter
2 Eier
100 ml Sahne
1 Eßlöffel Tomatenmark
75 g Emmentaler, gerieben
Salz

Pilze säubern und in Scheiben schneiden.

Makkaroni in gesalzenem, kochendem Wasser „al dente" weichkochen, abseihen.

Den Räucherspeck in kleine Würfel schneiden und in der Butter kurz anbraten, die Pilze zugeben und etwa 10 Minuten braten, bis die Flüssigkeit verkocht ist, dabei oft wenden.

In einer Schüssel die Eier verquirlen, Sahne, Tomatenmark und den Hauptteil vom Käse dazugeben, gut vermengen und noch etwas salzen.

Eine Auflaufform mit Butter ausstreichen, lagenweise Makkaroni und Pilze einfüllen, die Ei-Käse-Sahne-Tomatenmasse darübergießen und mit dem restlichen Käse bestreuen.

Im Backofen bei 200 °C 30 Minuten backen.

RUSSULA CYANOXANTHA

Frauentäubling
Violettgrüner Täubling

Hut:
6 – 10 (– 15) cm breit, jung halbkugelig, später flach und niedergedrückt. Farbe variabel von violett bis grün und in allen Mischungen dieser Farben, auch mit grüngelben Tönen; Haut vom Rand her teilweise abziehbar, Oberfläche bei feuchter Witterung schmierig, glänzend. Rand jung eingebogen, scharf und glatt, erst im Alter bisweilen gerippt.

Lamellen:
ziemlich gedrängt, dünn, gegabelt, weiß, weich, speckig anzufühlen, biegsam, sie splittern nicht wie bei anderen Täublingen.

Stiel:
5 – 10 cm lang, 1,5 – 2,5 cm dick, zylindrisch, Basis oft verjüngt, voll, fest, mit vereinzelten Kammern, alt etwas schwammig, weiß, bisweilen blaßlila oder rötlich überhaucht.

Fleisch:
im Hut fest, weiß, unter der Huthaut rosaviolett durchgefärbt; geruchlos, Geschmack mild.

Sporenpulver:
weiß.

Vorkommen:
Juni bis Oktober, verbreitet im Laub- und Nadelwald auf allen Bodenarten; einer der häufigsten Täublinge.

Verwendung:
geschätzter Speisepilz.

Verwechslungsmöglichkeiten:
Es gibt einige ähnliche Täublings-Arten. Grünhütige Russula-Arten können mit dem tödlich giftigen Grünen Knollenblätterpilz verwechselt werden. Täublinge haben keinen Ring und keine im Boden steckende Stielknolle.

Blätterteigtaschen mit Pilzfüllung

Zutaten für 4 Personen:

250 g Frauentäublinge oder Mischpilze
1 kleine Zwiebel
2 Sardellenfilets
20 g Butter
3 Eier
50 g Emmentaler, gerieben
1 Eßlöffel Semmelbrösel
Schwarzen Pfeffer frisch gemahlen
400 g tiefgekühlten Blätterteig

Die Pilze säubern und kleinhacken. Die Zwiebel und die Sardellenfilets sehr klein schneiden.

Die kleingeschnittene Zwiebel in einer Pfanne kurz in Butter dünsten, die Pilze dazugeben und bei starker Hitze braten, bis die austretende Flüssigkeit verdampft ist; dabei oft wenden; Dauer ca. 5 Minuten.

Für die Füllung die gebratenen Pilze, zwei Eier, Emmentaler, Semmelbrösel und Sardellen mischen und mit Pfeffer würzen.

Aufgetauten Blätterteig in 10 x 10 cm große Stücke schneiden; aus dem Restteig mit Formen kleine Pilze, Tannenbäumchen oder einfache, runde Plätzchen ausstechen.

Füllung auf den Teigquadraten verteilen, Ecken umschlagen. Die ausgestochenen Teigfiguren mit Eiweiß bestreichen, auf die Taschen legen und fest andrücken, Taschen mit Eigelb bestreichen.

Im Backofen bei 200 °C 15 bis 20 Minuten knusprig backen.

SUILLUS GREVILLEI

Goldröhrling

Hut:
5 – 10 (– 15) cm breit, jung halbkugelig, dann polsterförmig, später ausgebreitet; Oberfläche feucht stark schmierig, glänzend, trocken seidenmatt und etwas klebrig, hellgelb bis orangebraun; Huthaut leicht abziehbar. Rand jung etwas eingebogen.

Röhren:
bis 10 mm lang, am Stiel schwach ausgebuchtet angewachsen, gelb, später bräunlichgelb; Poren gelb, später bräunlichgelb, anfangs rundlich, eng, später unregelmäßig verzogen und weiter, bei Druck zimtbräunlich fleckend.

Stiel:
bis 8 (– 12) cm lang, bis 2 cm dick, meist zylindrisch, fleischig, voll, gelb, unterhalb des Rings bräunlich gefasert bis flockig, feucht stark schmierig. Ring weißlich bis gelblich, anfangs wulstig, vergänglich.

Fleisch:
dickfleischig, bald weich, hellgelb bis zitronengelb, im Schnitt langsam schwach rosaviolett anlaufend, nicht blauend; Geruch angenehm.

Sporenpulver:
gelblichbraun.

Vorkommen:
Juni bis Oktober, einzeln oder gesellig unter Lärchen.

Verwendung:
geschätzter Speisepilz; Huthaut schon beim Sammeln abziehen.

Verwechslungsmöglichkeiten:
Mit anderen eßbaren Schmierröhrlingen.

Kabeljau mit Duxelles

Zutaten für 4 Personen:

400 g Goldröhrlinge mit anderen Pilzen gemischt
1 kg Kabeljau
Saft einer halben Zitrone
40 g Butter
$1/8$ Liter Weißwein, trocken
1 Zwiebel
1 Bund Gewürzkräuter gemischt (Petersilie, Basilikum, Bohnenkraut, Gartenkerbel)
1 Messerspitze Muskat, gemahlen
Weißer Pfeffer gemahlen
Salz

Den Kabeljau waschen, trockenreiben, mit Zitronensaft beträufeln, rundum mit Salz und Pfeffer bestreuen, in einen feuerfesten Topf legen, mit zerlassener Butter bestreichen, Weißwein zugießen und im Backofen bei 200 °C 40 Minuten garen, zwischendurch mit Fischsud bepinseln.

Pilze säubern und in kleine Stücke schneiden.

Zur Herstellung der „Duxelles" Zwiebel und Gewürzkräuter kleinhacken, in einer Pfanne mit Butter kurz dünsten, dann die Pilze zugeben und bei starker Hitze unter fast ständigem Wenden braten, bis die Flüssigkeit verkocht ist, mit Salz, Pfeffer und Muskat würzen.

Den gegarten Fisch aus dem Backofen nehmen und den Fischsud löffelweise unter die Pilzmasse rühren. Kabeljau mit „Duxelles" servieren.

HYPHOLOMA CAPNOIDES

Graublättriger Schwefelkopf

Rauchblättriger Schwefelkopf

Hut:
2 – 6 (– 8) cm breit, erst gewölbt, dann abgeflacht, bisweilen leicht gebuckelt. Oberfläche glatt, blaßgelb, bald gelbbraun, Mitte fuchsig-rötlich bis fuchsig-bräunlich. Rand mit dünnen, vergänglichen, erst weißen, dann dunkelbraunen Schleierresten.

Lamellen:
angeheftet angewachsen, kaum gedrängt, erst blaß, bald aschgrau, alt grauviolett, ohne grüne Farbtöne.

Stiel:
5 – 8 cm lang, bis 7 mm dick, hohl, schlank, oft gebogen. Oben weißlich-hellgelblich, abwärts gelbbräunlich bis rostbraun. Schleierreste können bei jungen Pilzen eine Ringzone andeuten. Die Stiele sind am Grund oft büschelig verwachsen.

Fleisch:
im Hut weißlich, dünn, weich; Geruch angenehm, Geschmack mild.

Sporenpulver:
grauviolett.

Vorkommen:
September bis Dezember, an Nadelstümpfen.

Verwechslungsmöglichkeiten:
Mit dem sehr bitteren, giftigen Grünblättrigen Schwefelkopf und dem minderwertigen Ziegelroten Schwefelkopf.

Kartoffeleintopf mit Waldpilzen

Zutaten für 4 Personen:

250 g Graublättrige Schwefelköpfchen (oder andere Wald- oder Zuchtpilze)
1 Zwiebel
1 Knoblauchzehe
1 Bund frische Gewürzkräuter gemischt (Petersilie, Schnittlauch, Liebstöckel, Garten-Kerbel)
400 g Kartoffeln
75 g durchwachsenen Räucherspeck
20 g Butter
1 Liter Fleischbrühe

Pilze säubern und kleinschneiden, Zwiebel und Knoblauch schälen, kleinhacken.

Gewürzkräuter waschen, trockenschütteln und feinschneiden.

Rohe Kartoffeln waschen, schälen und in kleine Würfel schneiden.

Speck klein würfeln und mit der Butter anbraten, gehackte Zwiebel, Knoblauch und die zerkleinerten Pilze zugeben. Bei starker Hitze braten, bis die Pilzflüssigkeit verkocht ist.

Fleischbrühe angießen, die Kartoffeln und die Hälfte der Kräuter zugeben, etwa 15 Minuten kochen lassen.

Vor dem Servieren mit den restlichen Würzkräutern bestreuen.

CLITOCYBE NEBULARIS

Graukappe
Nebelgrauer Trichterling
Nebeltrichterling

Hut:
5 – 20 cm breit, anfangs stark gewölbt, später ausgebreitet, Mitte oft schwach gebuckelt oder niedergedrückt; Oberfläche glatt, trocken, feucht etwas fettig, jung mit abwischbarem Reif, aschgrau, graubraun; Rand anfangs eingerollt, alt flatterig.

Lamellen:
schmal, etwas herablaufend, sehr dichtstehend, leicht ablösbar, blaßgelb.

Stiel:
6 – 10 cm lang, bis 3 cm breit, kräftig, jung voll, später hohl, besonders anfangs nach unten keulig verdickt, cremeweißlich bis hellgrau; Basis weißfilzig.

Fleisch:
dick, fest, alt schwammig, weißlich; Geruch artspezifisch süßlich-mehlig, Geschmack mild, etwas unangenehm.

Sporenpulver:
cremeweiß.

Vorkommen:
September bis November, im Laub- und Nadelwald, auch in Parks.

Verwendung:
jung eßbar, eignet sich als Mischpilz. Der Pilz wird auch gut abgekocht nicht von jedermann vertragen. Empfindliche Personen sollten die Graukappe meiden. Keine alten Pilze verzehren!

Verwechslungsmöglichkeiten:
Es gibt eine ganze Reihe ähnliche, zum Teil giftige Arten, doch ist die Graukappe durch Aussehen und Geruch gut charakterisiert. Ein besonders gefährlicher Doppelgänger ist der giftige Riesenrötling.

Spaghetti ai funghi

Zutaten für 4 Personen:

150 g Graukappen mit anderen Waldpilzen gemischt (oder Zuchtpilze)	
1 Zwiebel	
1 Knoblauchzehe	
2 Eßlöffel Olivenöl	
1 Eßlöffel Mehl	
½ Liter Fleischbrühe	
4 Eßlöffel Tomatenmark	
250 g Hackfleisch	
ein paar frische Thymianblättchen und 1 Blatt Salbei oder getrocknete Würzkräuter	
Salz, Schwarzer Pfeffer gemahlen, Rosenpaprika gemahlen	
500 g Spaghetti	
Parmesankäse zum Bestreuen	

Pilze säubern und zerkleinern.

Zwiebel und Knoblauchzehe feinschneiden und mit den Pilzen in einer Pfanne mit Olivenöl braten, bis die Pilzflüssigkeit verkocht ist. Dauer 4 – 5 Minuten; dabei oft wenden.

Mit Mehl überstäuben und die Fleischbrühe angießen. Glattrühren.

Tomatenmark, das etwas zerkleinerte Hackfleisch und die geschnittenen Kräuter dazugeben. Noch 10 Minuten leicht kochen.

Mit Rosenpaprika, Salz und Pfeffer würzen.

Spaghetti in gesalzenem, kochendem Wasser weichkochen, abseihen, auf die Teller geben.

Fleisch-Pilzsauce darübergießen und mit geriebenem Parmesankäse bestreuen.

Tip:
Zur Verfeinerung der Spaghetti kann man dem Kochwasser ein paar Safrannarben (Safranfäden) zugeben.

GOMPHIDIUS GLUTINOSUS

Großer Gelbfuß

Kuhmaul

Großer Schmierling

Hut:
5 – 8 (– 12) cm breit, anfangs halbkugelig, bald schwach gewölbt, später kreiselförmig-trichterig, violettgrau, graulila; Hut und Lamellen sind anfangs von einer schleimigen, transparenten Haut überzogen, die beim Aufschirmen abreißt, als Schleimschicht auf dem Hut und als Schleimwulst am Stiel zurückbleibt.

Lamellen:
dick, wachsartig, sehr entfernt stehend, teilweise gegabelt, weit am Stiel herablaufend, ganz jung weißlich, bald aschgrau-schwärzlich, auf Druck fleckend.

Stiel:
bis 8 cm lang, bis 1,5 cm breit, voll, stark schleimig, am Ende der Lamellen eingeschnürt, mit Schleimwulst, weißlich, später violett-graulich; Basis intensiv gelb.

Fleisch:
weich, zart, dickfleischig, weißlich, im Alter grau, in der Basis intensiv gelb; ohne auffallenden Geruch und Geschmack.

Sporenpulver:
schwarzbraun.

Vorkommen:
Juli bis Oktober, im Fichtenwald auf Kalkböden.

Verwendung:
guter Speisepilz; Hutschleim beim Sammeln entfernen.

Verwechslungsmöglichkeiten:
Gut erkennbare Art, die kaum verwechselbar ist. In der Gattung Cortinarius haben einige Schleimköpfe und Schleimfüße ebenfalls stark schleimige Fruchtkörper, jedoch ein fädiges, haarschleierartiges Velum.

Kohlrouladen mit Pilzfüllung

Zutaten für 4 Personen:

500 g Großer Gelbfuß mit anderen Wildpilzen gemischt
1 Zwiebel
30 g Butter
250 g Hackfleisch
2 Eier
1 Messerspitze Knoblauchpulver
Salz, Weißer Pfeffer gemahlen
1 großer Kohlkopf (Weißkraut)
200 ml Fleischbrühe

Pilze säubern und kleinschneiden. Zwiebel schälen, kleinhacken.

Die Pilze und die Zwiebel in einer Pfanne in Butter braten, bis die Pilzflüssigkeit verkocht ist. Dauer etwa 8 Minuten. Dabei immer wieder wenden.

Für die Rouladenfüllung Hackfleisch, Pilze und Eier in einer Schüssel mischen, mit Knoblauchpulver, Salz und Pfeffer würzen.

Den Kohlkopf einige Minuten in kochendes, gesalzenes Wasser legen, dann einzelne Blätter ablösen.

Je zwei Blätter aufeinanderlegen, Füllung daraufgeben, Blätter einwickeln und mit Küchengarn umwickeln.

In eine feuerfeste Form legen, Fleischbrühe dazugießen und zugedeckt im Backofen bei 200 °C 30 Minuten garen.

Weitere 15 Minuten aufgedeckt backen.

TRICHOLOMA EQUESTRE

Grünling

Hut:
bis 12 cm breit, jung halbkugelig-glockig, bald konvex bis breit gebuckelt, dickfleischig; Oberfläche feucht klebrig, gelbgrünlich, gelbolivbraun bis braungelb mit eingewachsenen bräunlichgelben Schüppchen; Rand anfangs stark eingebogen.

Lamellen:
tief ausgebuchtet-angewachsen, engstehend, hell schwefelgelb bis zitronengelb.

Stiel:
bis 10 cm lang, zylindrisch bis etwas keulig, voll, glatt oder etwas faserschuppig, Spitze weißlich, abwärts gelbgrünlich bis bräunlichgelb.

Fleisch:
weiß bis gelblich; Geruch schwach mehlartig, Geschmack mild.

Sporenpulver:
weiß.

Vorkommen:
September bis Dezember, in Laub- und Nadelwäldern.

Verwendung:
geschätzter Speisepilz, der sich gut zu Mischgerichten und zum Einlegen in Kräuteressig eignet; die Huthaut ist oft von Sandkörnchen und Humusresten bedeckt und wird am besten schon beim Sammeln abgezogen.

Verwechslungsmöglichkeiten:
Mit dem giftigen Schwefel-Ritterling, der jedoch durch seinen penetranten karbidleuchtgasartigen Geruch leicht zu unterscheiden ist. Auch Knollenblätterpilze können ähnliche Hutfarben haben.

Wissenswertes:
Vom Grünling existieren verschiedene, standortspezifische Varietäten, für die es verschiedene Namen gibt. Hauptsächlich im Laub- und seltener im Nadelwald unter Fichten wächst eine schmächtigere Form (Tricholoma flavovirens); in sandigen Kiefernwäldern findet man eine robustere Form mit weißlichem Fleisch (Tricholoma auratum).

Wildpastete

Zutaten:

Für den Teig:
- 500 g Mehl
- 200 g Butter
- 3 Eigelb
- 1 gestrichener Teelöffel Salz
- ¼ Liter Wasser
- 1 Eigelb zum Bestreichen

Für die Füllung:
- 300 g Grünling oder andere feine Waldpilze
- 100 g geräucherter Speck
- 20 g Butter
- 1 kleine Zwiebel
- 500 g Rehfleisch oder Wildhasenfleisch
- 75 g Leber
- 250 g mageres Schweinefleisch
- 1 Brötchen vom Vortag
- 3 Eier
- 4 Eßlöffel Semmelbrösel
- je 1 Messerspitze Thymian und Majoran
- Salz und Pfeffer

Aus Mehl, Butter, Eigelb, Salz und Wasser einen Teig kneten und auf einem bemehlten Backbrett ½ cm dick auswellen.

Eine gefettete Kastenform (24 x 9 cm) mit Aluminiumfolie (überstehend) auslegen und mit ¾ des Teiges auslegen. Aus dem Teigrest einen Deckel in Größe der Form ausschneiden, 2 Löcher einstechen (damit während des Backens der Dampf entweichen kann) und zum Garnieren Pilze und Tannen ausstechen.

Kleingewürfelten Speck kurz anbraten, Butter, gehackte Zwiebel, kleingeschnittene Pilze zugeben. Etwa 8 Minuten braten, bis die Flüssigkeit verkocht ist.

Das Wildfleisch, die Leber, das Schweinefleisch und das Brötchen durch den Fleischwolf drehen.

Diese Masse in einer Schüssel mit den gebratenen Pilzen, Eiern, Semmelbröseln, Thymian und Majoran mischen, mit Salz und Pfeffer würzen.

In die teigbelegte Kastenform füllen, den Teigdeckel auflegen, andrücken, garnieren und mit Eigelb bestreichen.

Im Backofen bei 200 °C 80 Minuten backen.

SARCODON IMBRICATUS

Habichtspilz

Rehpilz

Hut:
bis 20 (–30) cm breit; anfangs gewölbt, später flach ausgebreitet mit vertiefter Mitte, alt trichterförmig; Oberfläche graubraun mit groben, (+/–) kreisförmig angeordneten, an der Spitze dunkelbraun gefärbten, aufgerichteten Schuppen, die zum Rand hin kleiner werden.
Rand lange eingerollt, heruntergebogen.

Stacheln:
bis 1 cm lang, brüchig, am Stiel kürzer, herablaufend, anfangs weißgrau, später graubraun-purpurbraun.

Stiel:
bis 8 cm lang, bis 4 cm dick, zylindrisch bis bauchig, voll, fest, oft seitlich wachsend, graubräunlich, Basis oft verdickt, weißlich.

Fleisch:
fest, zäh, weiß; Geruch würzig, Geschmack mild, alt leicht bitter.

Sporenpulver:
braun.

Vorkommen:
August bis Oktober in Nadelwäldern, oft in Reihen oder Büscheln, vorzugsweise im Bergland, unter Fichten.

Verwendung:
jung eßbar, eignet sich als Würzpilz gut zum Trocknen.

Verwechslungsmöglichkeit:
mit anderen Stachelpilzen. Der ähnliche, sehr bitter schmeckende Gallen-Stacheling wächst meist im Laubwald, er hat eine grünlichblaugraue Stielbasis.

Jäger-Sauce

Zutaten:

5 g getrocknete Habichtspilze oder andere Trockenpilze
20 g Butter
1 Eßlöffel Mehl
½ Liter Wasser
1 Teelöffel Bouillon-Pulver
3 Wacholderbeeren, zerdrückt
2 Nelken, ganz
2 Lorbeerblätter
3 Eßlöffel Rotwein
2 Eßlöffel Sahne
Salz, Schwarzer Pfeffer gemahlen

In einer Pfanne das Mehl in Butter dunkel anbräunen, heißes Wasser angießen, glattrühren. Die zerriebenen oder gemahlenen Pilze, Bouillon, Wacholderbeeren, Nelken und Lorbeerblätter zugeben. Die Sauce noch 20 Minuten zugedeckt leicht kochen.

Mit Salz und Pfeffer würzen und mit Rotwein und Sahne verfeinern.

Vor dem Servieren die Sauce durch ein Sieb geben.

Serviervorschlag:
Jäger-Sauce paßt zu gegrilltem und gebratenem Fleisch, zu Nudelgerichten und Semmelknödeln.

ARMILLARIA MELLEA

Hallimasch

Hut:
3 – 10 cm breit, anfangs halbkugelig, dann gewölbt bis ausgebreitet, bisweilen mit kleinem Buckel; Oberfläche auf bräunlichem Grund mit kleinen, faserigen, abwischbaren, hellen oder dunkleren Schüppchen bedeckt; Rand lange eingebogen, im Alter gerieft.

Lamellen:
ausgebuchtet bis gerade angewachsen, weißlich bis hellbräunlich, im Alter gefleckt.

Stiel:
schlank, längsfaserig, zäh, mit abstehendem weißlichem Ring, alt hohl.

Fleisch:
dünn, fest, im Stiel faserig, weißlich; Geruch schwach säuerlich, Geschmack herb zusammenziehend, kratzend.

Sporenpulver:
weiß.

Vorkommen:
August bis November, meist büschelig an lebendem und abgestorbenem Laub- und Nadelholz.

Verwendung:
roh giftig, nach gutem Abkochen und Wegschütten des Kochwassers ist der Hallimasch eßbar, er wird jedoch auch nach dieser Vorbehandlung nicht von jedermann vertragen! Nur die halbkugeligen Köpfe junger Pilze ohne Stiel verwenden.

Verwechslungsmöglichkeiten:
Ebenfalls auf Holz wächst der ungenießbare Sparrige Schüppling, seine Hutschuppen sind nicht abwischbar, sein Sporenpulver ist braun.

Paprikapfanne mit Hallimasch

Zutaten für 4 Personen:

300 g junge Hallimasch-Hüte
1 Zwiebel
250 g Schinken- oder Fleischwurst
3 rote Paprikaschoten
2 Fleischtomaten
3 Eßlöffel Sonnenblumenöl
1 Teelöffel Tomatenmark
1 Teelöffel Rosenpaprika, gemahlen
Schwarzer Pfeffer, frisch gemahlen
Salz

Pilze verlesen, Stiele abschneiden, 3 Minuten in leicht gesalzenem Wasser kochen, abseihen, das Kochwasser weggießen, Pilzhüte gut abtropfen lassen.

Die Zwiebel feinhacken, die Wurst in kleine Stücke schneiden, die Paprikaschoten putzen, waschen und in Streifen schneiden. Die Tomaten häuten und grob hacken.

Das Öl in einer Pfanne erhitzen, die Wurststücke knusprig anbraten. Das vorbereitete Gemüse (Zwiebel, Paprika und Tomaten) dazugeben und bei starker Hitze ca. 8 Minuten braten; dabei oft umrühren.

Dann die abgekochten Pilze zufügen und weitere 2 Minuten mitbraten. Mit Tomatenmark, Rosenpaprika, Pfeffer und Salz würzen.

Geschmorte Leber mit Hallimasch

Zutaten für 4 Personen:

300 g junge Hallimasch-Hüte
1 Zwiebel
350 g Kalbs- oder Schweineleber
40 g Butter
1 Eßlöffel Mehl
$1/4$ Liter Fleischbrühe
2 ganze Nelken
2 Lorbeerblätter
Schwarzer Pfeffer, frisch gemahlen
Salz
$1/16$ Liter Rotwein

Pilze säubern, Stiele abschneiden, in leicht gesalzenem Wasser 3 Minuten kochen, abseihen, das Kochwasser weggießen, Hüte abtropfen lassen.

Die Zwiebel feinhacken; die Leber schnitzeln.

Die Butter in einen Topf geben und die Leberstückchen darin scharf anbraten. Zwiebeln nur kurz mitbraten. Das Mehl einstreuen, die Fleischbrühe zugießen und glattrühren. Die Pilze dazugeben und mit Nelken, Lorbeer, Pfeffer und Salz würzen.

Das Gericht etwa 15 Minuten bei schwacher Hitze köcheln lassen.
Mit Rotwein abrunden.

CRATERELLUS CORNUCOPIOIDES

Herbsttrompete
Totentrompete

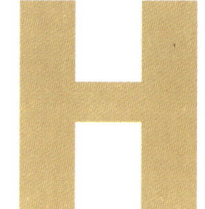

Fruchtkörper:
5 – 12 cm hoch, 2 – 5 cm breit, trompetenförmig, bis zur Basis hohl; Innenseite filzig bis +/– feinschuppig, rußiggrau, feucht fast schwarz, trocken graubraun; Außenseite aschgrau, alt vom Sporenpulver weißlich bestäubt, runzelig-aderig, Rand umgeschlagen, welliglappig.

Stiel:
hohl; Hut und Stiel gehen ineinander über.

Fleisch:
dünn, zäh, grauschwärzlich; Geruch schwach, Geschmack mild.

Sporenpulver:
weiß.

Vorkommen:
August bis Oktober, meist gesellig unter Buchen und Eichen, selten im Nadelwald, bevorzugt auf kalkreichen Böden.

Verwendung:
guter Speisepilz, eignet sich sehr zum Trocknen.

Wissenswertes:
Die Herbsttrompete kann in manchen Jahren oft massenhaft auftreten. Es gibt keinen giftigen Doppelgänger. Im Aussehen ähnlich ist der Graue Leistling. Er hat ausgeprägte Leisten an der Hutunterseite und wächst ebenfalls im Buchenwald.

Verwechslungsmöglichkeiten:
Es gibt keine giftigen Doppelgänger.

Putenschnitzel mit feiner Pilzfüllung

Zutaten für 6 Personen:

6 Putenschnitzel (ca. 800 g)
Pfeffer weiß, gemahlen
Salz
65 g Bratfett

Für die Füllung:
100 g Herbsttrompeten
1 Lauchzwiebel
3 Stengel Petersilie
20 g Butter
2 Eigelb
Salz, Pfeffer

Die Putenschnitzel wie Wiener Schnitzel flachklopfen und auf beiden Seiten mit Salz und Pfeffer würzen.

Herbsttrompeten, Lauchzwiebel und Petersilie säubern und kleinhacken.

Die Butter in einer Pfanne zergehen lassen, Lauchzwiebel und Petersilie kurz dünsten, dann die Pilze dazugeben und braten, bis die austretende Flüssigkeit verdampft ist. Dabei oft wenden.

Für die Füllung 2 Eigelb unter die gebratenen Pilze in einer Schüssel mischen und mit Salz und Pfeffer würzen.

Diese Pilzfüllung auf den breitgeklopften Schnitzeln verteilen, die Fleischstücke umklappen und mit Holzstäbchen feststecken.

Bratfett in einer Pfanne heiß werden lassen und die Schnitzel auf jeder Seite knusprig braten.

AURICULARIA AURICULA-JUDAE

Judasohr
Ohrlappenpilz

Holunderschwamm

Fruchtkörper:
Etwa 3 – 8 cm breit und bis 4 cm vom Substrat abstehend, muschelförmig, ohrförmig oder unregelmäßig schüsselförmig. Die Oberseite eben bis schwach runzelig, olivbraun, rotbräunlich, purpurbraun, flaumig-filzig. Die Unterseite (= Innenseite) ist glatt, glänzend oder durch Sporenpulver fein bereift und wie die Oberfläche gefärbt. Sie ist von erhabenen Leisten und Falten durchzogen und trägt das Hymenium. Der Rand der zähen Fruchtkörper ist glatt und scharf. Sie sind am Holz stiellos oder mit sehr kurzem Stiel angewachsen. Bei Trockenheit schrumpfen die Pilze stark ein und werden hornartig hart. Bei Feuchtigkeit quellen sie wieder auf.

Fleisch:
dünn, gallertig-knorpelig, ohne besonderen Geruch, Geschmack wässrig.

Sporenpulver:
weiß.

Vorkommen:
ganzjährig, besonders von November bis März, meist gesellig bis büschelig-dachziegelig wachsend an alten und abgestorbenen, oft entrindeten und stehenden Stämmen von Schwarzem Holunder, selten an anderen Laubhölzern.

Verwendung:
Eßbar. Als Salatpilz und zu asiatischen Gerichten geeignet.

Verwechslungsmöglichkeiten:
Mit dem ungenießbaren, zottig behaarten Gezonten Ohrlappenpilz.

Chinesische Pilze

Zutaten für 4 Personen:

Pilze:	Ananas-Sauce:
150 g Judasohr-Pilze (oder 30 g getrocknete Chinesische Pilze)	270 g Ananas in Stücken (1 kleine Dose Ananas)
15 g Butter	¼ Liter Ananas-Saft
1 gestrichener Teelöffel Curry-Pulver	2 Teelöffel Speisestärke
1 Messerspitze Knoblauchpulver	2 Eßlöffel Sojasauce
Weißer Pfeffer, Salz	3 Eßlöffel Sherry
	2 Eßlöffel Sahne
	Salz, Pfeffer

Pilze säubern, waschen, große Exemplare teilen. In einer Pfanne die Butter erhitzen, Pilze zugeben und kurz braten. Mit Curry- und Knoblauchpulver, Pfeffer und Salz kräftig würzen.

Den Ananassaft in einem Topf erhitzen, die Stärke mit Sojasauce und Sherry anrühren und in den leicht köchelnden Saft einrühren. Ananasstücke dazugeben, mit Salz und Pfeffer würzen und mit Sahne verfeinern.

Beim Servieren Sauce über die Pilze geben. Beilage Reis.

Tip:
Wenn Sie getrocknete Chinesische Pilze verwenden, müssen diese vor der Zubereitung über Nacht in Wasser eingeweicht werden.

SUILLUS GRANULATUS

Körnchenröhrling
Schmerling

Hut:
4 – 10 cm breit, jung halbkugelig, später konvex-polsterförmig; Oberfläche feucht stark schmierig, trocken matt, glänzend, gelbbraun bis rotbraun; Huthaut abziehbar; Rand lange eingebogen.

Röhren:
5 – 10 mm lang, angeheftet oder leicht herablaufend, blaugelb, alt schmutziggelb; Poren klein, gelbweiß, später olivgelb, jung mit Tröpfchen.

Stiel:
bis 9 cm lang, bis 2 cm dick, zylindrisch, fest, voll, gelblich, alt schmutzig bräunlich, an der Spitze jung ebenfalls mit milchigen Tröpfchen, später feinkörnig bräunlich punktiert; Ring fehlt.

Fleisch:
dick, zart, weich, weiß-gelblich; Geruch angenehm würzig, Geschmack mild, im Schnitt nicht verfärbend.

Sporenpulver:
olivbräunlich.

Vorkommen:
Juni bis Oktober, meist gesellig unter zweinadligen Kiefern, auf Kalkböden.

Verwendung:
guter Speisepilz.

Verwechslungsmöglichkeiten:
Mit anderen Arten der Gattung Schmierröhrlinge. Ein wichtiges Merkmal des Körnchenröhrlings ist der ringlose Stiel.

Kartoffelpuffer mit Pilzen

Zutaten für 4 Personen:

300 g Körnchenröhrlinge oder Zuchtpilze
750 g Kartoffeln
20 g Butter
2 Eßlöffel Mehl
Pfeffer, Salz
1 Ei
1 Eßlöffel frischer oder 1 Teelöffel getrockneter Majoran
Salz
Ausbackfett für die Küchlein

Die Kartoffeln waschen, schälen und reiben oder in der Küchenmaschine zerkleinern.

Pilze säubern und in kleine Stücke schneiden. In einer Pfanne in Butter knusprig braten, Dauer ca. 5 Minuten, dabei oft wenden. Mit Salz und Pfeffer würzen.

Kartoffelmasse, Pilze, Mehl, Ei, Majoran mit einem gestrichenen Teelöffel Salz mischen.

Kleine Portionen mit dem Eßlöffel entnehmen und in das heiße Fett geben, etwas flach drücken und von beiden Seiten knusprig braun braten.

SPARASSIS CRISPA

Krause Glucke

Fruchtkörper:
10 – 20 (– 40) cm breit, bis 20 cm hoch, halbkugelig, in der Form eines Naturschwammes, mit einem meist tief im Boden auf Holz sitzenden weißen Strunk. Der Pilz hat zahlreiche gewundene und verbogene abgeflachte Äste, welche nach außen in lappigen, blattartigen Enden münden; Oberfläche glatt, anfangs weißlich-blaßgelb, später schmutzig-hellbräunlich, im Alter braun.

Fleisch:
elastisch, zäh; Geruch angenehm aromatisch, Geschmack mild.

Sporenpulver:
blaßocker.

Vorkommen:
August bis Oktober, einzeln am Fuß von Nadelbäumen, besonders Kiefern (Pinus). Der Pilz ist standorttreu, er erscheint über mehrere Jahre hinweg am gleichen Baum.

Verwendung:
jung eßbar; guter, vielseitig verwendbarer Speisepilz. Die Fruchtkörper enthalten oft kleine Insekten, Sand und Humusreste. Am besten zerteilt man sie in kleinere Stücke und wäscht diese gründlich ab. Ältere Exemplare sind bitter und können Verdauungsstörungen verursachen.

Verwechslungsmöglichkeiten:
Ähnlich ist die seltene, ebenfalls eßbare, jedoch sehenswerte Eichenglucke oder Breitblättrige Glucke. Sie wächst am Grunde von Laubbäumen.

Pilzsalat mit Krauser Glucke

Zutaten für 4 Personen:

Kleines Gericht oder Vorspeise

250 g Krause Glucke
2 Knoblauchzehen
100 g Walnüsse
150 g Schillerlocken (geräucherter Dornhai)
Saft einer halben Zitrone
Salz, Weißer Pfeffer gemahlen
200 ml Sahne
frischen Dill zum Bestreuen

Den zähen Strunk des Pilzes herausschneiden und den Pilzkörper in Stücke teilen. Gut waschen, da der lockere Fruchtkörper der Krausen Glucke oft Sand und Humusreste enthält.

Pilzteile in gesalzenem Wasser mit den Knoblauchzehen weichkochen (ca. 3 Minuten), abseihen, abtropfen lassen und die Knoblauchzehen entfernen.

Das Pilzfleisch kleinschneiden. Die Walnüsse grob hacken und den Räucherfisch in kleine Stücke schneiden.

Alle Zutaten in einer Schüssel mit dem Saft einer halben Zitrone beträufeln, mit Salz und Pfeffer würzen und gut durchmischen.

Die Sahne steifschlagen und unter den Salat heben, mit Dill bestreuen.

Vor dem Servieren etwa eine halbe Stunde kaltstellen.

Dazu paßt getoastetes, leicht mit einer Knoblauchzehe beriebenes Weißbrot.

CALOCYBE GAMBOSA

Maipilz

Mairitterling
Georgsritterling
Mai-Schönkopf

Hut:
3 – 10 cm breit, jung halbkugelig, später abgeflacht, fleischig. Oberfläche kahl, glatt, weißlich, cremeweiß bis blaß ockerfarben. Rand jung eingerollt und lange eingebogen.

Lamellen:
schmal, dichtstehend, am Stiel etwas ausgebuchtet, weißlich, später cremefarben.

Stiel:
5 – 8 cm lang, 1 – 2 cm breit, voll, fest, zylindrisch, an der Spitze etwas faserig, weißlich-elfenbeinfarben.

Fleisch:
dick, fest, weißlich, mit starkem Mehlgeruch. Geschmack angenehm, mehlartig.

Sporenpulver:
weiß.

Vorkommen:
April bis Juni, an grasigen Stellen im Laubwald, an geschützten Waldrändern, im Gebüsch, auf Wiesen und in Parkanlagen. Gesellig, oft in Reihen und Ringen, bisweilen unter Gräsern und Laub verborgen.

Verwendung:
sehr guter Speisepilz.

Verwechslungsmöglichkeiten:
Um diese Jahreszeit mit dem sehr giftigen Ziegelroten Rißpilz. Später erscheinende Maipilze können mit tödlich giftigen weißhütigen Knollenblätterpilzen und dem giftigen Riesen-Rötling verwechselt werden.

Pilzkuchen

Zutaten für 4 Personen:

Für den Hefeteig:
200 g Mehl
10 g frische Hefe
4 Eßlöffel Öl
1 Eigelb
7 Eßlöffel warme Milch
½ Teelöffel Salz

Für den Belag:
750 g Maipilze, es passen auch andere Wild- oder Zuchtpilze
1 Bund Lauchzwiebeln (ca. 250 g)
40 g Butter
Salz, Pfeffer, Knoblauchpulver
3 Eier
0,2 Liter saure Sahne

Hefeteig:
Aus Mehl, Hefe, Öl, Eigelb, Milch und Salz einen weichen Teig kneten.

Diesen im Backofen bei 50 °C eine halbe Stunde in der ausgefetteten Backform gehen lassen.

Belag:
Pilze säubern, in Scheiben schneiden.

Lauchzwiebeln waschen, Wurzeln abschneiden und mit den Blättern kleinschneiden.

30 g Butter in einer Pfanne zergehen lassen, die Pilze zugeben und 15 bis 20 Minuten bei starker Hitze braten, bis die austretende Pilzflüssigkeit verkocht ist.

In einer weiteren Pfanne die Lauchzwiebeln mit den Zwiebelröhrchen in der restlichen Butter etwa zwei Minuten dünsten.

Mit Knoblauchpulver, Salz und Pfeffer würzen.

Die Eier in einer Schüssel verquirlen, Sahne dazugeben, kurz durchrühren, gebratene Pilze und gedünstete Zwiebel untermengen, salzen.

Den aufgegangenen Hefeteig in der warmen Backform andrücken.

Pilz-Zwiebelmasse darauf verteilen.

Im Backofen bei 200 °C 40 Minuten backen.

XEROCOMUS BADIUS

Maronenröhrling

Hut:
bis 12 (– 18) cm breit, jung halbkugelig, bald polsterförmig, später unregelmäßig gewölbt bis flach; schokoladen- bis dunkelbraun; Oberfläche feucht schmierig, trocken filzig-matt, alt leicht glänzend.

Röhren:
jung blaßgelblich, später grüngelb-oliv, 1 – 2 cm lang, am Stiel ausgebuchtet angewachsen, Poren jung weißlich, bald grüngelb, bei Druck blaugrün verfärbend.

Stiel:
bis 10 cm hoch, bis 4 cm breit, zylindrisch, voll und fest: Oberfläche auf hellerem Grund fein bräunlich längsgefasert, ohne Netz; Basis oft heller bis weißlich.

Fleisch:
weißlich bis blaßgelblich, fest, dickfleischig, erst im Alter weich, im Schnitt blauend, Geruch pilzartig, Geschmack mild, nußartig bis säuerlich.

Sporenpulver:
olivbraun.

Vorkommen:
Juni bis November, im Nadel-, seltener im Laubwald, auf sauren Böden; ziemlich häufig einzeln bis gesellig wachsend.

Verwendung:
geschätzter Speisepilz. In manchen Gegenden ist der Pilz radioaktiv belastet.

Verwechslungsmöglichkeiten:
Leicht erkennbare Art, die kaum verwechselbar ist.

Pizza ai funghi

Zutaten für 4 Personen:

Kleines Gericht

Für den Teig:
200 g Mehl
10 g frische Hefe
4 Eßlöffel Öl
6 Eßlöffel warme Milch
Salz

Für den Belag:
100 g Maronenröhrlinge oder Zuchtchampignons
6 Oliven
200 g Salami in Scheiben
1 Dose (400 g) Tomaten, geschält
100 g Emmentaler, gerieben
1 Teelöffel Basilikum, gerebelt
1 Teelöffel Oregano, gerebelt
Salz, Weißer Pfeffer gemahlen

Aus Mehl, Hefe, Öl, Milch und Salz einen geschmeidigen Teig kneten und im Backofen bei 50 °C eine halbe Stunde gehen lassen.

Pilze in dünne Scheiben schneiden, die Oliven teilen.

Den aufgegangenen Teig auf einem gefetteten Blech von 30 cm Durchmesser auslegen. Mit Salami belegen, die Tomaten mit der Hälfte der Flüssigkeit aus der Dose darauf verteilen.

Salz, Pfeffer, Basilikum und Oregano darüberstreuen, Pilze und Oliven auflegen. Die Pizza mit Käse bestreuen.

Im Backofen bei 200 °C 40 Minuten backen.

DISCIOTIS VENOSA

Morchelbecherling
Flatschmorchel

Fruchtkörper:
3 – 15 cm breit, erst halbkugelig, später schüsselförmig ausgebreitet, Innenseite zur Mitte hin radial mit Falten und Runzeln überzogen, gelbbraun, graubraun bis dunkelbraun; Außenseite heller, fein kleiig, durch aufsteigende Stielrippen aderig; Rand jung nach innen gebogen, im Alter aufgebogen, unregelmäßig lappig.

Stiel:
0,5 – 2 cm lang, bis 3 cm breit, kurz, dick, gerippt, oft im Boden steckend, blaßgrau.

Fleisch:
dünn, wachsartig, brüchig, 3 – 10 mm dick, weißlich bis bräunlich; mit deutlichem Chlorgeruch, Geschmack unbedeutend.

Sporenpulver:
cremefarben.

Vorkommen:
April bis Mai, einzeln oder in Gruppen in feuchten Laubwäldern, in Auenwäldern, gerne auf tonigen, oft nackten Böden.

Verwendung:
gut gekocht eßbar, sehr wohlschmeckend, der Chlorgeruch verliert sich beim Kochen vollständig.

Verwechslungsmöglichkeiten:
Der Größte Scheibling wächst meist an Stümpfen oder vermorschenden Stämmen von Nadelholz, er riecht nicht nach Chlor und ist ebenfalls eßbar. Der giftige Kronenbecherling hat violette Farbtöne.

Frühlingssalat mit Morcheln und Champignons

Zutaten für 4 Personen:

100 g Morchelbecherlinge oder Morcheln
200 g Champignons
1 Bund Radieschen
½ Gurke
200 g Feld- oder Kopfsalat
125 g Shrimps

Für die Salatsauce:
3 Eßlöffel Öl
2 Eßlöffel Essig
1 Teelöffel Senf
1 Messerspitze Zucker
Salz, Weißer Pfeffer gemahlen

Die Pilze säubern, in Streifen geschnitten in gesalzenem, kochendem Wasser blanchieren, abgießen und auf einem Sieb abtropfen lassen.

Champignons waschen, in Scheiben schneiden und blanchieren.

Radieschen vierteln, Gurke in Scheiben schneiden.

Salat waschen und abtropfen lassen.

Alles mit den Shrimps zusammen in eine Schüssel geben.

Zutaten für die Marinade verrühren, über den Salat gießen, mischen.

HYGROHORUS OLIVACEOALBUS

Natternstieliger Schneckling

Olivbrauner Schneckling

Hut:
bis 6 cm breit, erst halbkugelig-glockig, später konvex bis flach ausgebreitet, mit stumpfem Buckel; graubraun, grauoliv, Scheitel fast schwarzbraun; Oberfläche feucht schleimig-schmierig, trocken sich fettig anfühlend; Rand oft blasser, oft eingewachsen-faserig gestreift, lange nach unten gebogen und anfangs mit dem Stiel durch ein schleimiges Velum verbunden.

Lamellen:
breit, entfernt stehend, am Stiel etwas bogig herablaufend, weiß bis cremeweiß; Schneiden glatt.

Stiel:
bis 8 (– 12) cm lang und 0,5 – 0,8 cm dick, schlank, feucht schleimig, voll, auf weißem Grund graubraun-olivlich genattert oder gebändert, Spitze weißlich, trocken, mit Flöckchen, darunter mit einer undeutlichen Ringzone.

Fleisch:
weich, dünn, weiß; Geschmack mild, Geruch unbedeutend.

Sporenpulver:
weiß.

Vorkommen:
August bis November, oft gesellig in moosigen, sauren Fichtenwäldern.

Verwendung:
guter Speisepilz.

Verwechslungsmöglichkeiten:
Es gibt verschiedene ähnliche olivfarbene Schnecklinge. Giftpilze sind keine dabei.

Pilzkroketten

Zutaten für 4 Personen:

| 200 g Natternstielige Schnecklinge oder andere zarte Wildpilze |
| 30 g Butter |
| 500 g Kartoffeln |
| 1 Eigelb |
| 3 Eßlöffel Mehl |
| 1 Messerspitze Muskatnuß, gemahlen |
| Salz |
| Ausbackfett |

Die Kartoffeln in der Schale weichkochen.

Pilze säubern, zerkleinern und in 20 g Butter etwa 6 Minuten braten, bis die Pilzflüssigkeit verkocht ist. Dabei immer wieder wenden.

Die noch warmen Kartoffeln schälen, pürieren, mit dem Mehl, Eigelb, der restlichen Butter und den Pilzen gut vermengen.

Mit Muskat und Salz würzen.

Mit zwei in Wasser eingetauchten Kaffeelöffeln kleine Klößchen formen und im nicht zu heißen Fett goldbraun ausbacken.

RUSSULA OCHROLEUCA

Ockertäubling

Zitronentäubling

Ockergelber Täubling

Hut:
5 bis 9 (– 12) cm breit, anfangs gewölbt, bald ausgebreitet, in der Mitte niedergedrückt; Oberfläche feucht schmierig, trocken kahl, glatt, gelblich, ockergelb, bisweilen auch olivlich getönt; Haut etwa bis zur Hutmitte abziehbar; Rand rippig gerieft oder auch ungerieft.

Lamellen:
ziemlich gedrängt, dünn, abgerundet am Stiel angewachsen, jung weißlich, später gelblichweiß, alt mit rostbraunen Flecken.

Stiel:
bis 5 (– 8) cm lang, bis 2,5 cm dick, kompakt, zylindrisch, zur Basis leicht verdickt, alt schwammig; jung weißlich, im Alter grauend und runzelig.

Fleisch:
jung fest, weißlich, im Alter weich, grauend; Geruch schwach obstartig, Geschmack etwas scharf.

Sporenpulver:
cremeweiß.

Vorkommen:
August bis November, oft massenhaft im Laub- und Nadelwald. Er fehlt auf ausgesprochenen Kalkböden.

Verwendung:
eßbar, als Mischpilz geeignet. Der scharfe Geschmack verliert sich beim Kochen.

Wissenswertes:
Obwohl die Täublings-Regel sagt, daß scharfe Täublinge zu meiden sind, kann der Ockertäubling entgegen dieser Regel jung gut als Mischpilz verwendet werden.

Verwechslungsmöglichkeiten:
Ähnlich ist der ungenießbare Gallen-Täubling. Er hat einen brennend scharfen Geschmack und ist einheitlich ocker- bis semmelgelb gefärbt. Er wächst im Buchenwald.

Pilz-Frikadellen

Zutaten für 4 Personen:

400 g Ockertäublinge mit anderen Pilzen gemischt
1 Zwiebel, klein
1 Sträußchen frische Gewürzkräuter oder 1 Eßlöffel getrocknete Kräuter
30 g Butter
400 g Hackfleisch
3 Eier
3 Eßlöffel Semmelbrösel
1 Messerspitze Muskat
Salz, Schwarzer Pfeffer gemahlen
Fett zum Braten der Frikadellen

Die Pilze säubern und in kleine Stücke schneiden.

Die Zwiebel schälen, kleinhacken, die Gewürzkräuter waschen, trockenschütteln und ebenfalls kleinhacken.

In einer Pfanne die Butter erhitzen, Zwiebel, Kräuter und Pilze darin braten, bis die austretende Pilzflüssigkeit verkocht ist, dabei oft wenden. Dauer ca. 8 Minuten.

Hackfleisch, gebratene Kräuter-Pilz-Masse, Eier und Semmelbrösel in einer Schüssel mischen, mit Muskat, Salz und Pfeffer würzen.

Frikadellen formen und in heißem Fett knusprig braten.

MACROLEPIOTA PROCERA

Parasol
Riesenschirmling

Hut:
10 – 25 (– 40) cm breit, jung kugelig-eiförmig (Paukenschlegelform), später flach, mit kleinem Buckel; Oberfläche hellbraun mit sparrig abstehenden, +/– konzentrisch gezonten Schuppen; Buckel und Hutmitte glatt, braun.

Lamellen:
breit, bauchig, weich, freistehend, sehr gedrängt, weiß, alt hellbräunlich.

Stiel:
15 – 30 (– 40) cm lang, 2 – 4 cm breit, schlank, faserig, zäh, hohl, hellbräunlich, bald mit dunklerer Natterung; Ring groß, zweischichtig, am Rand flockig, verschiebbar; Stielbasis weißfilzig, knollig verdickt.

Fleisch:
weich, zart, im Stiel zäh, weiß; Geruch und Geschmack angenehm nußartig.

Sporenpulver:
weiß.

Vorkommen:
Juli bis Oktober, einzeln oder in Ringen, in lichten Laub- und Nadelwäldern, auf grasigen Lichtungen und Heiden.

Verwendung:
eßbar, die zähen Stiele eignen sich getrocknet zu Pilzpulver.

Verwechslungsmöglichkeiten:
Der Parasol ist durch Größe, Hutschuppen, Ring und Stielnatterung gut festgelegt und kann kaum verwechselt werden.

Gebackene Parasolpilzhüte mit Käse und Schinken

Zutaten für 4 Personen:

4 große Parasolpilzhüte, Safranschirmpilzhüte oder große Hüte von anderen Wildpilzen oder Zuchtpilzen ohne Stiel
Salz, Weißer Pfeffer gemahlen
9 Eier
3 Eßlöffel Semmelbrösel
$1/4$ Liter Öl
4 Scheiben Schinken, gekocht
4 Scheiben Emmentaler Käse

Pilzhüte säubern und mit Salz und Pfeffer würzen.

Ein Ei verquirlen, die Pilzhüte zuerst in Ei, dann in den Semmelbröseln wenden.

Öl in einer Pfanne erhitzen, die Pilze darin knusprig braun braten, herausnehmen und auf einer vorgewärmten Platte warm halten.

Nun pro Portion zwei Eier mit etwas Salz verquirlen und in der Pfanne zu einem hellen Omelett backen.

Den noch warmen, vorgebackenen Pilzhut zusammen mit jeweils einer Schinken- und Käsescheibe auf das Omelett legen. Anschließend alles kurz unter den Grill schieben.

Tip:
Parasolpilze können in manchen Jahren in großen Mengen geerntet werden. Dann empfiehlt es sich, dieselben vorgedünstet und gewürzt einzufrieren. Zwischen die Hüte kommt ein Stück Pergamentpapier. Die zähen Stiele werden getrocknet, sie ergeben gemahlen ein würziges Pilzpulver.

AMANITA RUBESCENS

Perlpilz
Rötender Wulstling

Hut:
bis 15 cm breit, jung halbkugelig-glockig, dann ausgebreitet; schmutzig-fleischrötlich, graurötlich oder rotbräunlich; Oberfläche mit flachen, grauweißen bis graurötlichen abwischbaren Hüllresten; Huthaut etwa zu 2/3 abziehbar; Rand glatt, bei jungen Pilzen meist ungerieft oder undeutlich gerieft.

Lamellen:
ziemlich breit, frei, weich, dicht gedrängt, weiß, im Alter braunrötlich gefleckt.

Stiel:
bis 15 cm lang und bis 3,5 cm dick, kräftig, bei Kümmerformen auch dünn und schmächtig; weiß mit leicht rötlicher Tönung, später weinrötlich; Ring weißlich bis rosa, häutig, groß, herabhängend, gerieft; Knolle kräftig, bei schmächtigen Exemplaren kaum entwickelt, im oberen Teil oft mit einem Warzengürtel.

Fleisch:
zart, weiß, unter der abgezogenen Huthaut rosa; vor allem in Madengängen in der Stielbasis mit braunrötlicher bis weinrötlicher Färbung (Knolle durchschneiden!); Geruch unbedeutend, Geschmack anfangs mild, schnell herb und kratzend.

Sporenpulver:
weiß.

Vorkommen:
Juni bis Oktober, weit verbreitet und häufig in Laub- und Nadelwäldern, auch in Parkanlagen.

Verwendung:
eßbar, roh giftig.

Wissenswertes:
Der Perlpilz enthält schwach giftige Stoffe, die durch gründliches Erhitzen beim Kochvorgang zerstört werden. Dabei verliert sich auch der kratzende Geschmack der rohen Pilze.

Verwechslungsmöglichkeiten:
In der Gattung Amanita befinden sich unsere gefährlichsten Giftpilze. Also: besondere Vorsicht! Ein wichtiges Merkmal des sehr veränderlichen Perlpilzes sind die im Alter braunrötlich gefleckten Lamellen und die weinrot verfärbten verletzten Stellen an Stiel und Hut sowie die typisch weinrot gefärbten Madenfraßgänge.

Pilzomelette mit feinen Kräutern

Zutaten für 4 Personen:

250 g Perlpilze oder andere Speisepilze
1 Zwiebel
½ Bund frische Würzkräuter
100 g durchwachsenen Räucherspeck
8 Eier
Salz
Weißer Pfeffer gemahlen
Fett zum Braten der Omelettes

Pilze säubern und kleinschneiden.

Perlpilze in leicht gesalzenem Wasser blanchieren, abseihen, gut abtropfen lassen. Zwiebel und Kräuter kleinhacken.

Den Speck in kleine Würfel schneiden und in einer Pfanne anbraten. Zwiebel und Kräuter zugeben und kurz mitbraten.

Diese Masse mit den blanchierten Perlpilzen und den verquirlten Eiern mischen. Mit Salz und Pfeffer würzen.

Mischung zu Omelettes ausbacken.

CANTHARELLUS CIBARIUS

Pfifferling
Eierschwamm

Hut:
3 – 5 (– 10) cm breit, anfangs halbkugelig bis gewölbt, später trichterförmig vertieft, dottergelb bis blaßgelb, Oberfläche glatt, matt; Rand lange eingerollt, später wellig-flatterig ausgebreitet.

Leisten:
weit am Stiel herablaufend, oft gegabelt, am Grunde aderig verbunden; dottergelb bis blaßgelb.

Stiel:
3 – 6 cm lang, 1 – 2 cm dick, voll, fest, zylindrisch oder nach unten etwas verjüngt; hutfarben oder heller.

Fleisch:
fest, im Stiel ziemlich faserig, weiß bis blaßgelb, Geruch aromatisch, Geschmack schärflich, schwach pfefferartig.

Sporenpulver:
blaßgelb.

Vorkommen:
Juni bis November, einzeln oder gesellig in Laub- und Nadelwäldern. In Stadtnähe überall stark zurückgegangen oder ganz erloschen.

Verwendung:
geschätzter Speisepilz; wegen seiner Haltbarkeit als Marktpilz beliebt.

Verwechslungsmöglichkeiten:
Mit dem bei uns sehr seltenen, an Holz wachsenden giftigen Ölbaumtrichterling und dem eßbaren, aber zähen Falschen Pfifferling.

Lammkoteletts in Pfifferling-Rahmsauce

Zutaten für 4 Personen:

200 g Pfifferlinge
8 Lammkoteletts oder
4 größere Scheiben Lammrücken
1 Eßlöffel Salbei gerebelt
1 kleiner Stengel Lauch (80 g)
20 g Butter
¼ Liter Fleischbrühe
5 Eßlöffel Olivenöl
200 ml Sahne
1 Teelöffel Speisestärke
Salz, Schwarzer Pfeffer gemahlen
frische Salbeiblätter zum Garnieren

Die Koteletts von beiden Seiten mit Salz, Pfeffer und gerebeltem Salbei bestreuen.

Pilze säubern, große Exemplare zerkleinern.

Den Lauch in feine Scheiben schneiden, waschen und mit den Pilzen in einem Topf mit Butter bei starker Hitze braten, bis die Flüssigkeit verkocht ist.
Dauer etwa 5 Minuten.

Dann die Fleischbrühe zugießen und noch ca. 30 Minuten kochen. Da die Sauce eindickt, etwas Wasser zugießen.

Die Lammkotellets in einer Pfanne in Olivenöl knusprig braten.

Die Sauce andicken: Sahne mit der Speisestärke vermengen und einrühren, kurz aufkochen.

Mit Salz und Pfeffer würzen und frischen Salbeiblättern garnieren.

Dazu passen zarte Butterbohnen.

Flambierte Wachteln auf Pfifferlingen

Zutaten für 4 Personen:

500 g Pfifferlinge
4 Wachteln, je etwa 200 g
Salz, Schwarzer Pfeffer, frisch gemahlen
12 Wacholderbeeren
8 Eßlöffel Sonnenblumenöl
½ Bund Petersilie
40 g Butter
1 Glas Cognac
Feldsalat zum Garnieren

Die Wachteln waschen, trockenreiben und in Teile schneiden. Mit Salz und Pfeffer bestreuen und mit den zerdrückten Wacholderbeeren einreiben.

Das Öl in eine Schüssel geben, die Wachteln darin wenden, aufeinanderlegen und mindestens 1 Stunde zugedeckt stehen lassen.

Die Pfifferlinge verlesen, mit einem Pinsel Sand und Humusreste entfernen, nur die großen Pilze teilen.

Die Petersilie waschen, trockenschütteln und kleinhacken.

Butter in der Pfanne zergehen lassen, Pfifferlinge mit der Petersilie darin braten, bis die austretende Flüssigkeit verdampft ist, dabei oft wenden. Mit Salz und Pfeffer würzen. Vom Herd nehmen und warmhalten.

Die Wachtelstücke mit dem Öl in einer großen Bratpfanne rundherum knusprig anbraten. Mit dem Cognac flambieren und mit den Pilzen auf vorgewärmten Tellern servieren.

Mit Feldsalat garnieren.

ROZITES CAPERATUS

Reifpilz
Zigeuner

Hut:
4 – 10 (– 12) cm breit, anfangs halbkugelig-glockig, dann gewölbt, im Alter ausgebreitet mit stumpfem Buckel, radial gerunzelt; Oberfläche blaßgelblich, semmelfarben, silbrig bereift mit lila Schein; Rand jung eingebogen und mit dem Stiel durch einen häutigen Schleier verbunden, bei Trockenheit oft eingerissen.

Lamellen:
gedrängt, breit, am Stiel angewachsen, jung blaßgelb, später tonfarben; Schneiden weißlich, fein gezähnt.

Stiel:
bis 10 (– 15) cm lang, bis 2 cm breit, voll, zylindrisch bis keulenförmig, schmutzig weißlich, seidig-faserig gestreift; Ring schmal, blaßgelb, gerieft, mit doppeltem Rand.

Fleisch:
weich, fleischig, im Stiel faserig, weißlich, oft wässrig durchzogen; Geruch unauffällig, Geschmack mild, angenehm.

Sporenpulver:
braungelb.

Vorkommen:
Juli bis Oktober, in Nadel- und Laubwäldern, auf sauren Böden.

Verwendung:
sehr guter Speisepilz. Gebietsweise stark radioaktiv belastet.

Verwechslungsmöglichkeiten:
mit Haarschleierlingen oder mit großen Rißpilzarten.

Pfannkuchen mit Reifpilzen

Zutaten für 6 Pfannkuchen:

500 g Reifpilze oder Champignons
1 Sträußchen Würzkräuter gemischt (Schnittlauch, Petersilie, Basilikum, Bohnenkraut)
1 Zwiebel
30 g Butter
100 ml Sahne
Salz, Schwarzer Pfeffer frisch gemahlen

Für den Pfannkuchenteig:
100 g Mehl
3 Eier
¼ Liter Milch
Salz
ca. 40 g Butter zum Ausbacken der Pfannkuchen

Aus Mehl, Eiern, Milch und einem gestrichenen Teelöffel Salz einen dünnen Teig rühren und mindestens 10 Minuten quellen lassen.

Pilze säubern und in dünne Scheiben schneiden. Die Kräuter und Zwiebel kleinschneiden und in einer Pfanne mit den Pilzen in Butter braten bis die Flüssigkeit verkocht ist. Dauer ca. 8 Minuten, dabei immer wieder wenden. Mit Salz und Pfeffer würzen. Die Sahne dazugießen und kurz aufkochen. Von der Kochstelle nehmen und warmhalten.

Pfannkuchen in einer Pfanne ausbacken. Die Menge reicht etwa für 6 Stück. Die heißen Pfannkuchen zur Hälfte mit Pilzfüllung belegen, umschlagen und heiß servieren.

STROPHARIA RUGOSOANNULATA

Rotbrauner Riesenträuschling

Braunkappe

Hut:
5 – 15 (– 25) cm breit, jung halbkugelig, später gewölbt-ausgebreitet, ockerlich, rotbraun, blaß graubraun bis ziegelbraun mit lilarosa Tönen, bei Kulturformen auch gelb; Haut trocken, nur wenig klebrig, matt, alt glatt und glänzend; Rand anfangs eingebogen, mit Velumresten.

Lamellen:
breit am Stiel angewachsen, engstehend, hellgrau, dann grauviolett, alt violett-schwarz, Schneiden heller.

Stiel:
bis 20 cm lang und bis 3,5 cm dick, kräftig, voll über dem Ring weißlich, darunter gelblich, Ring gerieft, weiß, von Sporenstaub bald dunkel gefärbt.

Fleisch:
dick, fest, weiß, unter der Huthaut gelblich; Geruch schwach rettichartig, Geschmack mild, bisweilen etwas erdig.

Sporenpulver:
schwarzbraun-violett.

Vorkommen:
August bis Oktober, wildwachsend selten, auf mit Stroh, Häcksel- und anderen pflanzlichen Abfällen durchsetzter Erde, in Maisfeldern.

Verwendung:
sehr guter, ergiebiger Speisepilz; er hat nach Literaturangaben in sehr seltenen Fällen Brechdurchfälle verursacht und sollte nicht roh verzehrt werden.

Wissenswertes:
Der Pilz kann in jedem schattigen Garten auf frischem Stroh in Erdbeeten kultiviert werden. Die Pilzbrut erhält man unter der Bezeichnung „Braunkappe" in Fachlabors und in Gartenfachgeschäften.

Verwechslungsmöglichkeiten:
Wildwachsende Riesenträuschlinge können mit dem seltenen, giftigen Üppigen Träuschling verwechselt werden. Sein Hut ist gelblich-braun, schmierig-klebrig; er wächst im Nadelwald.

Lasagne mit Braunkappen

Zutaten für 4 Personen:

Für den Teig:
8 Blatt Lasagne (Nudelfladen), fertig gekauft

Für die Pilzfüllung:
500 g Braunkappen, Champignons oder andere Pilze
25 g Butter
Salz, Pfeffer

Für die Tomatensauce:
2 Eßlöffel Olivenöl, 1 Zwiebel, 2 kleine Knoblauchzehen, 1 Dose Tomaten (400 g), 1 Eßlöffel Basilikum, getrocknet und gerebelt, $1/2$ Teelöffel Thymian getrocknet und gerebelt, Salz, Pfeffer

Käse für den Belag:
20 g Parmesankäse, gerieben, 125 g Mozarella in Scheiben

Für den Guß:
2 Eier, 100 ml Sahne, Salz, Butter oder Öl zum Ausstreichen der Backform

Lasagne-Blätter in gesalzenem Wasser fast weichkochen „al dente", abseihen, kalt überbrausen und einzeln auslegen.

Pilze putzen, der Länge nach in dünne Scheiben schneiden. Zwiebel kleinhacken, Knoblauch fein schneiden oder durch eine Knoblauchpresse drücken.

Olivenöl in einer Pfanne erhitzen, Zwiebel und Knoblauch darin glasig dünsten, Tomaten mit einem Drittel des Saftes aus der Dose dazugeben und kurz mitdünsten. Mit Basilikum, Thymian, Salz und Pfeffer würzen.

In einer weiteren Pfanne die Pilze bei starker Hitze braten, bis die Flüssigkeit verkocht ist, dabei oft wenden. Dauer 15 – 20 Minuten. Mit Salz und Pfeffer würzen.

Eine Auflaufform oder feuerfeste Lasagne-Form mit Butter oder Öl ausstreichen, abwechselnd die Lasagneblätter, Pilze und Tomatensauce einfüllen. Parmesankäse darüberstreuen. Befüllung in Lagen wiederholen, mit Lasagneblätter abschließen.

Für den Guß die Eier verquirlen, Sahne zugeben, leicht salzen und über die Füllung gießen.

Im Backofen bei 200 °C 20 Minuten backen.

Die Form kurz aus dem Ofen nehmen, die Käsescheiben auflegen, die Lasagne noch einmal ein paar Minuten in den Backofen schieben und goldbraun überbacken.

XEROCOMUS CHRYSENTERON

Rotfußröhrling

Hut:
3 – 10 cm breit, anfangs halbkugelig, dann gewölbtpolsterförmig; Huthaut gelbbräunlich, mittel- bis dunkelbraun, auch mit olivlichen oder rötlichen Tönen; Oberfläche matt, samtig, bei Trockenheit felderig aufgerissen, in Rissen und Fraßstellen meist rötlich verfärbt.

Röhren:
bis 10 mm lang, erst blaßgelb, dann gelbgrünlich, am Stiel ausgebuchtet und meist strichförmig herablaufend, leicht ablösbar; Poren groß, vieleckig, jung blaßgelb, später gelbgrün, an Druckstellen schwach blaugrün verfärbend.

Stiel:
bis 8 cm lang, bis 2 cm dick, meist zylindrisch, oft verbogen, hart, voll, auf gelblichem Grund rötlich punktiert bis rötlich gestreift, auch ganz rot, selten gelb.

Fleisch:
weich, gelblich, unter der Huthaut rötlich, in Schnittstellen meist schwach blauend; Geruch obstartig, säuerlich, Geschmack mild, säuerlich.

Sporenpulver:
olivbraun.

Vorkommen:
Juni bis November, häufig in Laub- und Nadelwäldern.

Verwendung:
eßbar, am besten sammelt man nur junge Pilze.

Verwechslungsmöglichkeiten:
Der Rotfußröhrling ist sehr variabel. Man findet oft Pilze, welchen die typischen Merkmale – rote Hutrisse und rötlicher Stiel – fehlen.

Kalbfleischrollen mit Röhrlingen

Zutaten für 4 Personen:

200 g Röhrlinge
½ Bund frische Kräuter, gemischt (Petersilie, Dill)
25 g Butter
Salz, Weißer Pfeffer gemahlen
1 Eigelb
4 große, dünne Kalbfleischschnitzel (jeweils 100 – 110 g)
30 g Butterschmalz
⅛ Liter Weißwein trocken
1 Eßlöffel Zitronensaft
100 g Crème fraîche

Die Pilze säubern und in dünne Scheiben schneiden.

Petersilie und Dill waschen, trockenschütteln und kleinhacken.

Butter in der Bratpfanne zergehen lassen, die vorbereiteten Pilze und Kräuter darin braten bis die austretende Pilzflüssigkeit verkocht ist, dabei oft wenden, mit Salz und Pfeffer würzen. Die Pfanne vom Herd nehmen und das Eigelb untermengen.

Die Schnitzel flachklopfen und auf beiden Seiten mit Salz und Pfeffer würzen, die gebratenen Pilze darauf verteilen, zusammenrollen und mit Küchengarn umwickeln.

Butterschmalz in einem Bräter erhitzen und die Kalbfleischrollen darin rundum kräftig anbraten. Weißwein und Zitronensaft zugießen, Crème fraîche unterrühren. Die Kalbsrollen in dieser Sauce zugedeckt bei schwacher Hitze etwa 30 Minuten garen.

Tip:
Bei nicht ganz frischen Röhrlingen ist es sinnvoll, die weichen Röhren an der Hutunterseite zu entfernen.

LECCINUM RUFUM

Rotkappe

Kapuziner

Espen-Rotkappe

Hut:
5 – 20 cm breit, erst halbkugelig, dann polsterförmig; Oberfläche feinfilzig, trocken matt, feucht leicht schmierig, orangerot, braunrot bis orangebraun; Huthaut am Rand etwas überstehend.

Röhren:
bis 2 cm lang, um den Stiel niedergedrückt, leicht ablösbar, lange weißlich, alt olivgrau; Poren sehr klein, weißlich, später olivgrau.

Stiel:
bis 15 cm lang, bis 4 cm dick, zylindrisch bis bauchig, weißlich, jung mit weißlichen, später orangebraunen bis rotbraunen Schüppchen bedeckt.

Fleisch:
dick, fest, alt weich, weiß, verfärbt sich im Schnitt graulila bis grauschwarz, auch weinrot; Geruch und Geschmack angenehm.

Sporenpulver:
olivbräunlich.

Vorkommen:
Juli bis Oktober, gerne in kleinen Gruppen, nur unter Pappeln.

Verwendung:
feiner Speisepilz, beim Kochen wird das Fleisch schwarz. Roh nicht bekömmlich.

Verwechslungsmöglichkeiten:
Verschiedene ähnliche, schwer zu trennende Rauhstielröhrlinge unterscheiden sich neben den morphologischen Merkmalen durch den Standort unter verschiedenen Wirtsbäumen. Alle sind eßbar.

Pilzhüte mit Heilbuttfüllung

Zutaten für 4 Personen:

Kleines Gericht oder Vorspeise

8 Rotkappen-Hüte oder andere große Pilzhüte
175 g Heilbutt-Filet
½ Zitrone
20 g Butter
3 Zweiglein Dill oder Petersilie
3 Eßlöffel Weißwein
1 gehäufter Teelöffel Speisestärke
50 ml Sahne
Salz, Pfeffer

Die Pilze säubern, Stiele vorsichtig herausdrehen. Von den Hüten die Röhren oder Lamellen entfernen. Pilzhüte mit Salz und Pfeffer bestreuen. Pilzstiele in kleine Stücke schneiden.

Fischfilet kleinschneiden und mit Zitronensaft beträufeln. Dill waschen, trockenschütteln, kleinhacken und in einer Pfanne mit der Butter kurz dünsten, Pilz- und Fischstücke zugeben und 2 Minuten mitdünsten. Weißwein zugießen, Speisestärke mit Sahne vermengen und unterrühren, kurz aufkochen (eindicken). Mit Salz und Pfeffer würzen. Pilzhüte mit dieser Masse füllen, in eine ausgefettete, feuerfeste Form legen und im Backofen bei 200 °C ca. 30 Minuten garen.

MACROLEPIOTA RHACHODES

Safranschirmling
Rötender Schirmpilz

Hut:
bis 15 cm breit, anfangs halbkugelig-eiförmig, später flach gewölbt; Oberfläche braun oder graubraun, dicht wollig-schuppig, Schuppen bisweilen fast konzentrisch angeordnet; Hutmitte glatt, ockerbräunlich, Buckel kaum erkennbar.

Lamellen:
frei, gedrängt, bauchig, cremeweiß, bei Berührung rötlich verfärbend.

Stiel:
bis 15 cm lang, etwa 1,5 cm breit, zylindrisch, ausgestopft-hohl, weißlich-bräunlich, alt schmutzig-bräunlich, bei Verletzung orangerot, glatt, ohne Natterung; Ring doppelt, wattig, verschiebbar; Basis weißlich, mit kräftiger Knolle.

Fleisch:
zart, weiß, im Schnitt schnell safranrot-orangerot, später bräunlich verfärbend; Geruch und Geschmack angenehm.

Sporenpulver:
weiß.

Vorkommen:
Juli bis November, oft gesellig im Laub- und Nadelwald, an Waldwegen.

Verwendung:
eßbar, der Stiel ist zäh.

Verwechslungsmöglichkeiten:
Es gibt etwa 12 ähnliche Arten. Auf fetten, gedüngten Wiesen, in Gärten und Parks wachsen zwei giftige Doppelgänger: der Garten-Riesenschirmling und der sehr seltene Gift-Riesenschirmling.

Hähnchen mit würziger Pilzfüllung

Zutaten für 4 Personen:

150 g Safranschirmlinge, sehr gut passen auch Morcheln, Steinpilze, Maronenröhrlinge und Champignons
1 Hähnchen (ca. 1,3 kg)
1 kleine Zwiebel
3 Zweige frische Petersilie
20 g Butter
250 g Hackfleisch
1 Ei
1 Prise Chilipulver
Salz, Schwarzer Pfeffer gemahlen
½ Eßlöffel Öl zum Bestreichen

Das Hähnchen waschen, trockenreiben, innen und außen salzen und pfeffern.

Pilze säubern und fein zerkleinern.

Zwiebel und Petersilie kleinschneiden und mit den Pilzen etwa 3 Minuten in Butter braten.

In einer Schüssel Hackfleisch, angebratene Pilzmasse und Ei gut vermengen und mit Chili, Salz und Pfeffer würzen.

Mit dieser Mischung das Hähnchen füllen, zubinden, mit Öl bepinseln und in einen flachen, hitzefesten Topf legen.

Etwas Wasser zugießen und ca. 1 ½ Stunden im Backofen bei 200 °C garen. Das Hähnchen immer wieder mit dem entstehenden Bratenfond bepinseln.

FLAMMULINA VELUTIPES

Samtfußrübling
Winterrübling

Hut:
2 – 8 cm breit, erst halbkugelig, dann flach ausgebreitet, dünnfleischig; Oberfläche glatt, feucht klebrig, glänzend, honiggelb, später rostbräunlich mit dunklerer Mitte; Rand heller, jung eingebogen, glatt oder schwach gerieft. Selten findet man Pilze mit weißen bis cremefarbenen Hüten und Stielen.

Lamellen:
breit angewachsen bis schwach ausgebuchtet, anfangs gelblichweiß, später blaß orangegelb.

Stiel:
bis 10 cm lang, bis 1,5 cm breit, erst voll, bald hohl, zäh, weißgelblich, bald von unten her rot- bis braunschwarz, mit dichtem feinsamtigem Filz.

Fleisch:
zart, dünn, alt zäh, weiß oder blaßgelb; Geruch angenehm, Geschmack mild, nußartig.

Vorkommen:
September bis April; meist büschelig an Laub-, selten an Nadelholz.

Verwendung:
eßbar; der Winterrübling ist, wie sein Name sagt, einer der ganz wenigen zur Winterzeit sammelbaren Speisepilze.

Verwechslungsmöglichkeiten:
Zur Haupterscheinungszeit ist der Pilz kaum mit anderen Arten verwechselbar. Nur vereinzelt findet man im Winter an Holz noch giftige Grünblättrige Schwefelköpfchen; sie haben gelbgrüne Lamellen und schmecken sehr bitter.

Pilzknödel

Zutaten für 4 Personen:

125 g Samtfußrüblinge oder andere Wald- oder Zuchtpilze
4 Brötchen vom Vortag
1/8 Liter Milch
20 g Butter
4 Stengel Petersilie
1 kleine Zwiebel
2 Eier
3 Eßlöffel Semmelbrösel
1 Messerspitze Backpulver
Salz, Weißer Pfeffer gemahlen

Die Brötchen in dünne Scheiben schneiden, mit heißer Milch übergießen, zugedeckt stehen lassen.

Die Pilze säubern und kleinschneiden. Petersilie und Zwiebel kleinhacken und mit den Pilzen in Butter braten, bis die Flüssigkeit verkocht ist. Dauer ca. 4 Minuten, dabei immer wieder wenden.

Zu den eingeweichten Brötchen Eier, Semmelbrösel, Backpulver und die gebratenen Pilze geben, mischen. Mit Salz und Pfeffer würzen, die Knödelmasse 10 Minuten quellen lassen.

Mit nassen Händen vier Knödel formen und 15 Minuten in gesalzenem Wasser leicht kochen.

COPRINUS COMATUS

Schopftintling

Hut:
2 – 6 cm breit, 6 – 12 cm hoch, zylindrisch bis walzenförmig, im Alter glockig und vom Rand her schnell tintenartig zerfließend; Oberfläche jung weiß, später schmutzigweiß, mit groben, abstehenden, im Alter bräunlichen Schuppen; Scheitel bräunlich.

Lamellen:
frei, breit, sehr dichtstehend, anfangs weiß, bald rosafarben, zuletzt mit dem Hut tiefschwarz tintenartig zerfließend.

Stiel:
bis 15 cm lang, bis 2 cm dick, hohl, weiß, glatt, mit beweglichem, vergänglichem, zartem Ring; Basis verdickt.

Fleisch:
weich, dünn, jung schneeweiß, alt zerfließend; Geruch und Geschmack angenehm.

Vorkommen:
Mai bis November, meist truppweise in Gärten, Wiesen, Parkanlagen, an Wegen und Schuttplätzen, auch in Wäldern.

Verwendung:
jung sehr guter Speisepilz, der schnell verwertet werden muß; vom Rand her schwärzende Fruchtkörper kommen für den Verzehr nicht mehr in Frage. Der Schopftintling eignet sich nicht zum Trocknen.

Verwechslungsmöglichkeiten:
Der Pilz ist kaum verwechselbar. Der ähnliche Faltentintling hat einen aschgrauschmutzigen bis graubräunlichen Hut; er verursacht in Verbindung mit alkoholischen Getränken Vergiftungen.

Schnitzel mit Pilzen und Käse überbacken

Zutaten für 4 Personen:

300 g junge Schopftintlinge oder Champignons
4 Schweineschnitzel (je 150 g)
Salz, Weißer Pfeffer gemahlen
1 Ei
3 Eßlöffel Semmelbrösel
30 g Butter
1 Messerspitze Knoblauchpulver
4 Scheiben Gouda-Käse (je 50 g)
60 g Bratfett für die Schnitzel
Rosenpaprika gemahlen zum Bestreuen

Die Pilze säubern, kleine Exemplare ganz lassen, große halbieren.

Die Schnitzel mit Salz und Pfeffer würzen. Das Ei verquirlen, die Fleischscheiben zuerst im Ei, dann in Semmelbrösel wenden.

Die Pilze etwa 3 Minuten in Butter dünsten, mit Salz, Pfeffer und Knoblauchpulver würzen.

Inzwischen die panierten Schnitzel in einer zweiten Pfanne auf beiden Seiten knusprig braten.

Die gegarten Pilze auf den Schnitzeln verteilen, Käsescheiben auflegen und im Backofen oder unterm Grill kurz überbacken.

Vor dem Servieren mit Paprika bestreuen.

HYDNUM REPANDUM

Semmel-Stoppelpilz

Hut:
4 – 10 (– 15) cm breit, anfangs gewölbt, später flach ausgebreitet und unregelmäßig verformt, mit niedergedrückter Mitte; Oberfläche matt, cremefarben bis gelborange, selten fast weiß; Rand lange eingerollt, alt unregelmäßig verbogen.

Stacheln:
2 – 6 mm lang, sehr gedrängt, oft herablaufend, brüchig, vom Hut ablösbar, gelbweiß bis cremefarben-ockerlich.

Stiel:
+/– zylindrisch, zentral oder seitlich ansitzend, fest, heller als der Hut.

Fleisch:
hart, brüchig, gelblichweiß, läuft im Schnitt langsam rosafarben an; fast geruchlos, Geschmack mild, alt etwas schärflich.

Sporenpulver:
weiß.

Vorkommen:
Juli bis November, meist in Gruppen und Ringen in Laub- und Nadelwäldern, gerne auf Kalkböden.

Verwendung:
eßbar, selten von Maden befallen.

Verwechslungsmöglichkeiten:
Durch Farbe und Stacheln eindeutig gekennzeichnete Art. Er kann jung und von oben betrachtet mit Pfifferlingen verwechselt werden. Der ebenfalls eßbare Rötliche Semmel-Stoppelpilz hat mehr rostrote Farben. Er gilt als Varietät des Semmel-Stoppelpilzes.

Rollbraten mit Pilzfüllung

Zutaten für 6 Personen:

300 g Semmelstoppelpilze und andere Waldpilze oder Zuchtpilze
1 kleine Zwiebel
3 Stengel Petersilie
50 g Butter
1 Ei
2 Eßlöffel Semmelbrösel
Salz, Schwarzer Pfeffer frisch gemahlen
1 kg Rindfleisch (für Rollbraten vorbereitet)
1 Teelöffel Senf
100 g Rauchfleisch in Scheiben

Pilze säubern und kleinschneiden, Zwiebel schälen, kleinhacken. Petersilie waschen, trockenschütteln und ebenfalls kleinhacken.

In der Hälfte der Butter die Pilze mit der Zwiebel und der Petersilie braten, bis die Flüssigkeit verkocht ist, dabei oft wenden. Dauer ca. 6 Minuten. Pfanne von der Kochplatte nehmen. Das Ei und die Semmelbrösel untermengen, mit Pfeffer und Salz würzen.

Die Rindfleischscheiben beidseitig salzen und pfeffern. Innenseite mit Senf bestreichen, die Rauchfleischscheiben darauf legen, darüber die Pilzmasse verteilen, zusammenrollen und mit Haushaltsgarn umwickeln.

Rollbraten in eine Kasserolle geben und mit der restlichen, erwärmten Butter übergießen. Im Backofen bei 200 °C ca. 2 Stunden garen. Öfters mit Wasser begießen und mit Bratenfond bepinseln.

LENTINUS EDODES

Shiitake-Pilz

Hut:
5 – 10 (– 20) cm breit, erst gewölbt, dann niedergedrückt; Oberfläche trocken, rötlichbraun, graubraun, mit eingewachsenen weißbräunlichen Schüppchen; Rand anfangs eingerollt, mit zottigen Velumresten, später glatt.

Lamellen:
engstehend, weißlich, dann zartgelb, alt graulich-fleischbraun; Schneiden wellig gezähnelt.

Stiel:
bis 5 cm lang, oft exzentrisch stehend, weißlich bis bräunlich, grob faserig bis wollig-schuppig.

Fleisch:
fest, weiß, unter der Huthaut bräunlich; Geruch und Geschmack aromatisch, lauchartig.

Sporenpulver:
weiß.

Vorkommen:
Der Pilz stammt aus den asiatischen Ländern; bei uns wird er in verschiedenen Sorten auf Laubhölzern und Spezialsubstraten kultiviert.

Verwendung:
sehr guter, haltbarer Speisepilz, der das ganze Jahr über aus Kulturen angeboten wird; er schmeckt frisch zubereitet wie andere Zuchtpilze und wird oft auch als Würzpilz verwendet. Er läßt sich leicht trocknen, sein feines Aroma geht dabei nicht verloren.

Indonesischer Reistopf

Zutaten für 4 Personen:

200 g Shiitake-Pilze
50 g Ohrlappenpilze (Judasohr) oder 12 g getrocknete Chinapilze
1 Hähnchen (1,3 kg)
1 Tasse Langkornreis, ungeschält
Knoblauchpulver
30 g Butterschmalz
¼ l Hühnerbrühe
150 g Ananas in Stücken
75 g kleine Möhren
75 g Erbsen
1 gestrichener Teelöffel Curry-Pulver
1 gestrichener Teelöffel Ingwer-Pulver
Salz, Weißer Pfeffer gemahlen
2 Eßlöffel Sherry
2 Eßlöffel Sojasauce

Die Shiitake-Pilze säubern und in Scheiben schneiden. Große Ohrlappenpilze teilen, kleine ganz lassen.

1 Tasse Reis mit 2 Tassen Wasser und etwas Salz weichkochen.

Das Hähnchen waschen, trockenreiben und in Stücke teilen. Von allen Seiten mit Salz, Pfeffer und Knoblauchpulver bestreuen.

In einem Bratentopf wird das Butterschmalz erhitzt und die Hähnchenteile knusprig angebraten, danach herausnehmen und warmhalten. Shiitake-Pilze und Ohrlappenpilze in das Fett mit dem Bratenfond geben und braten, bis die Flüssigkeit verkocht ist,

Dauer ca. 4 Minuten, dabei oft wenden. Die Hühnerbrühe zugießen, angebratene Hähnchenstücke zugeben und bei geringer Hitze garkochen.

Danach den gekochten Reis, Ananas, Erbsen und Karotten (aus der Dose) zugeben, mischen, mit Curry, Ingwer, Pfeffer und Salz würzen, kurz aufkochen und mit Sherry und Sojasauce verfeinern.

Tip:
Wenn Sie getrocknete Chinapilze verwenden, werden sie vor der Zubereitung über Nacht in Wasser eingeweicht.

TUBER AESTIVUM

Sommertrüffel

Fruchtkörper:
2 – 10 (– 20) cm breit, unregelmäßig kugelig-knollig; Oberfläche mit großen, meist sechseckigen, etwas zugespitzten Höckern besetzt; Außenseite schwarzbräunlich.

Fleisch:
Weißlich, später graugelb oder gelbbraun, selten purpurrot gefleckt, mit weißlichen, dichten Adern marmoriert; Geruch aromatisch, im Alter deutlich ausgeprägt; Geschmack nußartig.

Vorkommen:
Sommer bis Winter, einzeln bis gesellig, bevorzugt im Humus von Kalkbuchenwäldern oder Laubmischwäldern, unmittelbar unter der Bodenoberfläche; in Mitteleuropa sehr selten, nur in klimatisch milden Gegenden.

Verwendung:
eßbar, von Feinschmeckern hoch geschätzter Würzpilz.

Wissenswertes:
Die Trüffelfliege (Suilia pallida) kann den Sammlern einen Hinweis auf den Standort der begehrten, unterirdisch wachsenden Trüffeln geben. Die Fliegen werden von deren Duft angezogen, sie tanzen unmittelbar über deren Wuchsplätzen oder lassen sich dort auf der Erde nieder. Am bekanntesten und wertvollsten ist wohl der Périgord-Trüffel. Diese Königin unter den Würzpilzen wächst besonders in Südfrankreich unter Eichen und anderen Laubbäumen, und wird dort mit Hilfe von dressierten Trüffelhunden und Trüffelschweinen gesucht.

Penne rigate mit Trüffel und Sahne-Sauce

Zutaten für 4 Personen:

1 Sommertrüffel
350 g Teigwaren (Penne rigate)

Für die Sahne-Sauce:
1 Zwiebel
½ Bund Petersilie
30 g Butter
1 Eßlöffel Mehl
¼ Liter Gemüsebrühe
200 ml Sahne
2 Eßlöffel Crème fraîche
1 Eßlöffel Sherry
Weißer Pfeffer gemahlen

Die Trüffel waschen und mit einer feinen Bürste säubern.

Die Teigwaren in reichlich kochendem Wasser 12 bis 15 Minuten „al dente" kochen, in einem Sieb abtropfen lassen und warm halten.

Zwiebel und Petersilie fein hacken.

In einem Topf die Butter erhitzen, Zwiebel und Petersilie darin kurz dünsten, Mehl einstreuen und hell anschwitzen, die heiße Gemüsebrühe angießen, glattrühren und noch etwa 2 Minuten leicht kochen lassen.

Die Sauce durch ein Sieb streichen, Sahne, Crème fraîche und Sherry unterrühren. Mit Pfeffer würzen.

Teigwaren auf die Teller verteilen und die Sauce darübergeben.

Frische Trüffel auf das Gericht reiben.

MORCHELLA ESCULENTA

Speisemorchel
Rundmorchel

Hut:
4 – 12 cm hoch, 4 – 8 cm breit, rundlich, auch ei- bis walzenförmig, hellbräunlich, hellocker oder graugelb, ungleich wabenartig gekammert, innen hohl, rauh, körnig; Hutrand mit dem Stiel verwachsen.

Stiel:
3 – 7 cm lang, 2 – 4 cm breit, hohl, nach unten verdickt, glatt bis rinnenartig gerieft, weißlich bis hellgelb; Basis oft deutlich verdickt.

Fleisch:
elastisch, dünn, mit schwachem Geruch.

Sporenpulver:
weißgelb.

Vorkommen:
April bis Mai, einzeln oder gesellig in Laubwäldern, Auenwäldern und Gebüsch, oft auf nackter Erde; standorttreu, jedoch mit sehr unterschiedlichen Ernten.

Verwendung:
sehr guter Speisepilz, eignet sich gut zum Trocknen. Empfindliche Personen sollten Morcheln blanchieren und das Kochwasser weggießen.

Verwechslungsmöglichkeiten:
Auch von der Speisemorchel sind verschiedene, schwer unterscheidbare Varietäten beschrieben; alle sind eßbar. Die sehr giftige Frühjahrslorchel hat eine hirnartig gewundene Oberfläche; sie wächst in sandigen Kiefernwäldern und unter einzelnen Kiefern.

Filet mit Morcheln in Blätterteig

Zutaten für 6 Personen:

250 g frische Morcheln (oder 40 g getrocknete Morcheln)
1 Packung Blätterteig (300 g), tiefgefroren
1 Schweinefilet (ca. 400 g)
Salz
Schwarzer Pfeffer
40 g Butter
350 g Brät
(püriertes Kalbfleisch)
3 Eier
1 Messerspitze Thymian, fein gerebelt
1 Messerspitze Majoran, fein gerebelt

Frische Morcheln waschen, kleine teilen, größere in Stücke schneiden.

Bei Verwendung getrockneter Morcheln diese über Nacht in einer Schüssel mit Wasser bedeckt aufquellen lassen oder kurz aufkochen und 1 Stunde im Kochwasser stehen lassen, dann abseihen und wie frische Morcheln weiterverarbeiten.

Die tiefgefrorenen Blätterteigscheiben nebeneinander ausgelegt bei Raumtemperatur auftauen lassen.

Das Filetstück mit Salz und Pfeffer würzen und in Butter rundum anbraten; aus der Pfanne nehmen und die Morchelstücke im vorhandenen Bratfett dünsten, bis der Bratenfond aufgelöst und die ausgetretene Pilzflüssigkeit verdampft ist. Mit Salz und Pfeffer würzen.

Brät, 2 Eier, Thymian, Majoran und die geschmorten Morcheln in einer Schüssel vermengen.

Blätterteigstücke auf einem Küchenbrett zu einem Rechteck zusammenlegen, Teigränder mit Eiweiß bestreichen, fest zusammendrücken und ausrollen.

Das Filetstück darauflegen und die Pilz-Brätmasse darüber verteilen, Teigränder zu einer Laibform zusammenschlagen, wieder mit Eiweiß bestreichen und fest andrücken.

Ein Backblech kalt abspülen, den gefüllten Laib mit den Nahtstellen nach unten auflegen, damit der Blätterteig beim Backen nicht reißt. Zum Schluß mit ausgestochenen Figuren aus Teigresten verzieren und mit Eigelb bestreichen.

Im vorgeheizten Backofen bei 200 °C ca. eine Stunde backen.

Tip:
Mit dem Kochwasser läßt sich eine feine Morchelcremesuppe bereiten (siehe Seite 115).

RUSSULA VESCA

Speise-Täubling
Fleischroter Speise-Täubling

Hut:
6 – 10 cm breit, jung halbkugelig, dann gewölbt, schließlich ausgebreitet, niedergedrückt, Oberfläche feucht schmierig-glänzend, trocken matt, typisch fleischrötlich bis rosabräunlich, auch gelblich oder kräftig rot, zur Mitte hin oft ockerlich ausblassend; Huthaut vom Rand auffallend um 1 – 2 mm zurückgezogen, halb abziehbar; Rand im Alter schwach gerieft.

Lamellen:
engstehend, meist gegabelt, angewachsen oder etwas herablaufend, kaum splitternd, weißlich, später rostfleckig.

Stiel:
3 – 8 cm lang, 1 – 2,5 cm dick, fest, voll, alt schwammig, zur Basis meist kurz zugespitzt, weißlich, alt oft rostfleckig.

Fleisch:
lange fest, kernig, weiß; fast geruchlos; Geschmack mild, nußartig.

Sporenpulver:
weiß.

Vorkommen:
Juni bis September, im Laub- und Nadelwald. Meidet reine Kalkböden.

Verwendung:
eßbar, guter Speisepilz.

Verwechslungsmöglichkeiten:
mit ähnlichen, rothütigen Täublingen. Täublingsregel beachten: mild schmeckende Täublinge sind eßbar.

Maultaschen mit Pilzfüllung

Zutaten für 4 Personen:

Für die Füllung:
250 g Speise-Täublinge mit anderen Waldpilzen gemischt oder Zuchtpilze
1 Schalotte
3 Stengel Petersilie
10 g Butter
250 g Hackfleisch
2 Eier
3 Eßlöffel Semmelbrösel
Salz, Pfeffer
verquirltes Ei zum Bestreichen

Für den Nudelteig:
250 g Mehl
2 Eier
5 Eßlöffel Wasser
½ Teelöffel Salz

Geputzte, zerkleinerte Pilze mit der feingeschnittenen Schalotte und Petersilie in Butter braten. Dabei immer wieder wenden, bis die Flüssigkeit verkocht ist. Dauer etwa 7 Minuten.

Hackfleisch, Eier, Semmelbrösel und Pilzmischung gut untereinandermengen. Mit Salz und Pfeffer würzen.

Für die Maultaschen Mehl, Eier, Wasser und Salz zu einem Teig kneten, zu einem großen, dünnen Nudelfladen auswellen und in 7 x 9 cm große Stücke schneiden.

Je ein Eßlöffel der Pilzfüllung darauf verteilen, den Rand mit Ei bestreichen, umschlagen, Taschen andrücken.

15 Minuten in gesalzenem Wasser kochen. In heißer Fleischbrühe servieren oder in Butter anbraten und zusammen mit Salaten kombinieren.

Tip für ein vegetarisches Gericht:
Das Hackfleisch kann durch die entsprechende Menge an Pilzen ersetzt werden.

MORCHELLA CONICA

Spitzmorchel

Hut:
3 – 10 (– 25) cm hoch, walzenförmig bis spitzkegelig, mit +/– parallel laufenden, welligen Längsrippen, die durch Querrippen verbunden sind, dadurch erscheint die Oberfläche wabenartig, sie ist graubraun bis olivbraun, im Alter sind die Rippen schwärzlich; Hut innen hohl, weißlich, kleiig; Hutrand mit dem Stiel verwachsen.

Stiel:
bis 6 cm lang, hohl, grubig-runzelig, weiß bis hellbräunlich, kleiig; Basis meist etwas verbreitert.

Fleisch:
dünn, brüchig, mit schwachem Geruch und Geschmack.

Sporenpulver:
weißlich.

Vorkommen:
Februar bis Mai, in Auenwäldern, in Laub- und Fichtenwäldern, an Waldwegen, auf Brandstellen und auf Holzlagerplätzen mit Rindenabfällen.

Verwendung:
sehr guter Speisepilz, eignet sich gut zum Trocknen. Empfindliche Personen sollten Morcheln blanchieren und das Brühwasser wegschütten.

Verwechslungsmöglichkeiten:
In der Literatur sind viele Morchelarten und -varietäten beschrieben, viele unterscheiden sich nur geringfügig; sie sind alle eßbar und als gute Speisepilze geschätzt. Die sehr giftige Frühjahrslorchel hat eine hirnartig gewundene Oberfläche.

Morcheln in Schinkenrollen

Zutaten für 4 Personen:

300 g Morcheln	
30 g Butter	
1 Eßlöffel Sojasauce	
8 Scheiben Schinken, gekocht	
Salz, Schwarzer Pfeffer gemahlen	
2 Stengel Petersilie	

Morcheln säubern, große in vier Teile schneiden, kleine nur halbieren, waschen.

Die vorbereiteten Morcheln in einer Pfanne mit der Butter ca. 6 Minuten braten, oft wenden. Sojasauce dazugeben und mit Salz und Pfeffer würzen.

Die gebratenen Pilze auf den Schinkenscheiben verteilen, zusammenrollen, auf Alufolie legen und 15 Minuten in den Backofen geben, oder ein paar Minuten unter den Grill schieben. Mit gehackter Petersilie bestreuen.

Tip:
Anstelle der seltenen und teuren Morcheln passen zu diesem Rezept Champignons oder Austernpilze.

Morchelcremesuppe

Zutaten für 4 Personen:

20 g getrocknete Morcheln oder 100 g frische Morcheln
¼ l Wasser
1 Eßlöffel Sojasauce
½ kleine Zwiebel
1 Bund Gewürzkräuter gemischt: Petersilie, Kerbel, Basilikum, Dill, Liebstöckel frische oder getrocknete Kräuter
25 g Butter
2 gehäufte Eßlöffel Mehl
1 Liter Gemüsebrühe
Salz, Pfeffer
100 ml Sahne

Getrocknete Morcheln mit Wasser und Sojasauce aufkochen, von der Kochstelle nehmen, 15 Minuten quellen lassen. Abseihen – Kochwasser auffangen – und die Morcheln sehr klein hacken. Frische Morcheln nur säubern, waschen und kleinhacken.

Zwiebel und Kräuter kleinschneiden und in einem Topf mit Butter kurz dünsten, frische oder aufgeweichte Pilze zugeben, hellbraun braten, Dauer ca. 3 Minuten, dabei oft wenden, Mehl überstäuben, hell anbräunen, heiße Gemüsebrühe angießen und glattrühren.

Bei Verwendung von getrockneten Morcheln das Morchel-Kochwasser dazugeben.

Damit die Suppe einen feinen Morchelgeschmack bekommt, sollte sie noch 45 Minuten bei schwacher Hitze weiterkochen.

Mit Salz und Pfeffer würzen und mit Sahne abschmecken.

BOLETUS EDULIS

Steinpilz

Herrenpilz

Fichtensteinpilz

Hut:
bis 25 cm breit, jung halbkugelig, später polsterförmig bis flach gewölbt; Huthaut glatt, wildlederartig, feucht etwas schmierig, haselnußbraun, hellbraun bis dunkelbraun; Rand glatt, lange heruntergebogen und die Röhren etwas überragend.

Röhren:
1– 4 cm lang, am Stiel ausgebuchtet, anfangs weißlich, später gelbgrünlich, Röhrenboden weißlich, Poren eng, wie die Röhren gefärbt.

Stiel:
bis 20 cm lang, bis 6 cm dick, jung meist bauchig, später zylindrisch, bauchig oder keulig, im oberen Teil hellbräunlich, mit hellerem Adernetz, unten heller, zur Basis hin weißlich mit weniger deutlichem bis fehlendem Netz.

Fleisch:
fest, alt schwammig, weißlich, alt unter der Huthaut bräunlich; Geruch angenehm, Geschmack mild, nußartig.

Sporenpulver:
olivbraun.

Vorkommen:
Juli bis Oktober, im Fichtenwald, selten auch im Laubwald.

Verwendung:
hervorragender Speisepilz, der sich gut zum Trocknen eignet.

Verwechslungsmöglichkeiten:
mit dem ungenießbaren Gallenröhrling, von dem ein Pilz ein ganzes Gericht verderben kann.

Brokkolisuppe mit getrockneten Steinpilzen

Zutaten für 4 Personen:

15 g getrocknete Steinpilze oder 100 g frische Pilze
200 g Brokkoli
Salz
30 g Butter
1 Eßlöffel Petersilie gehackt
1 Eßlöffel Mehl
1 Teelöffel Gemüse-Bouillon
100 ml Sahne
Weißer Pfeffer, frisch gemahlen
etwas geriebene Muskatnuß

Den Brokkoli waschen, in Teile zerpflücken und in 1 Liter leicht gesalzenem Wasser weichkochen, abseihen, das Kochwasser auffangen. Die Röschen von den Stielen abschneiden und nur die Stiele mit etwas Kochbrühe im Mixer pürieren.

Butter in der Pfanne zergehen lassen, Petersilie kurz darin dünsten (frische kleingeschnittene Pilze mitdünsten), Mehl darüberstreuen, hell anbräunen, die restliche Brokkoli-Kochbrühe angießen, glattrühren. Getrocknete Pilze grob zerreiben und mit den pürierten Brokkolistielen in die Suppe geben. Mit Gemüse-Bouillon würzen. Die Suppe zugedeckt 30 Minuten köcheln lassen; wenn die Suppe eindickt, etwas Wasser nachgießen.

Die Brokkoliröschen und die Sahne zum Schluß in die Suppe einrühren. Mit Pfeffer und Muskat würzen.

Tortellini in Steinpilz-Rahmsauce

Zutaten für 4 Personen:

150 g frische Steinpilze (oder 20 g getrocknete Steinpilze)
1 kleine Zwiebel
½ Bund Petersilie
500 g Tortellini mit Fleischfüllung (fertig gekauft)
20 g Butter
1 Eßlöffel Mehl
¼ Liter Fleischbrühe
200 ml Sahne
Salz, Weißer Pfeffer gemahlen
½ Teelöffel Speisestärke

Die Steinpilze säubern und längs in dünne Scheiben schneiden. Getrocknete Steinpilze vorher ¼ Stunde in Wasser weichkochen.

Zwiebel und Petersilie fein hacken.

Tortellini in 2 Liter leicht gesalzenem Wasser weichkochen (etwa 15 Minuten).

In einer Pfanne Zwiebel und Petersilie kurz in Butter dünsten, dann die Pilzscheiben dazugeben und etwa 5 Minuten braten, dabei oft wenden. Das Mehl darüberstreuen, die Fleischbrühe zugießen und glattrühren.

Noch 15 Minuten leicht kochen. Da die Sauce eindickt, etwas Wasser nachgießen.

Stärke mit Sahne verrühren und die Sauce eindicken.

Mit Salz und Pfeffer würzen.

Vorschlag:
Ein paar schön angebratene Steinpilzscheiben aus der Pfanne nehmen, warm halten und am Schluß zum Gericht geben.

Steinpilz-Grillspießchen

Zutaten für 4 Personen:

200 g Steinpilze
200 g Schweinefilet
100 g Kalbsleber
150 g Fleischwurst
100 g durchwachsenen Räucherspeck
1 große Zwiebel
Salz
Schwarzer Pfeffer
2 Eßlöffel Öl

Die Pilze säubern. Große Exemplare in Scheiben oder Teile schneiden, kleinere Pilze halbieren.

Schweinefilet, Leber, Wurst und Speck in mundgerechte Grillstücke schneiden. Die Zwiebel schälen, halbieren und auseinandernehmen.

Die Zutaten abwechselnd auf Grillspieße stecken.

Mit Salz und frisch gemahlenem Pfeffer aus der Mühle würzen und mit Öl bestreichen.

Die Spieße auf dem heißen Grill rundum knusprig rösten.

Tip:
Steinpilz-Spießchen können nach der Pilzsuche gleich am nächsten Grillplatz zubereitet werden. Dazu passen auch andere Speisepilze.

KUEHNEROMYCES MUTABILIS

Stockschwämmchen

Hut:
3 – 6 (– 8) cm breit, gewölbt bis flach ausgebreitet, leicht gebuckelt; Oberfläche kahl, glatt, glänzend, die Hüte fühlen sich fettig an, sie sind hygrophan, feucht gelbbraun bis zimtbraun mit dunklerer Randzone, bei Trockenheit blasser, hellgelb-honiggelb, wobei die dunklere Farbe in der Randzone am längsten erhalten bleibt; Rand schwach gerieft.

Lamellen:
gedrängt, dünn, breit angewachsen, am Stiel etwas herablaufend, erst hellbraun, alt rostbraun.

Stiel:
3 – 8 cm lang, 3 – 6 mm dick, zäh, im Alter hohl, oben gelbbräunlich, unterhalb des kleinen, vergänglichen, braunen Ringes dunkler, mit feinen, sparrig abstehenden dunkelbraunen Schüppchen.

Fleisch:
weich, dünn, im Hut gelblich, im Stiel rostbraun; Geruch angenehm würzig, Geschmack mild.

Sporenpulver:
rostbraun.

Vorkommen:
Mai bis Dezember, in dichten Büscheln an Laubholz-, selten an Nadelholzstümpfen.

Verwendung:
geschätzter Speisepilz, der sich besonders gut zu Suppen eignet; nur die Pilzhüte verwenden, die Stiele sind zäh.

Verwechslungsmöglichkeiten:
Ein sehr gefährlicher Doppelgänger ist der etwas kleinere Gift-Häubling. Er wächst einzeln oder in kleinen Gruppen vor allem an Nadelholz und hat beim Zerreiben einen mehlartigen Geruch. Das giftige Grünblättrige Schwefelköpfchen hat keinen Ring und schmeckt sehr bitter.

Stockschwämm-chen-Suppe

Zutaten für 4 Personen:

250 g Stockschwämmchen
1 Zwiebel
½ Bund Petersilie
25 g Butter
40 g Hartweizengrieß
1 Liter Fleischbrühe
Salz, Pfeffer
Schnittlauch
evtl. etwas Sahne oder Sherry

Tip:
Stockschwämmchen eignen sich ganz besonders zu dieser aromatischen Pilzsuppe. Bei großen Ernten können sie dazu in rohem Zustand eingefroren oder getrocknet werden. Am besten geschieht das mit einem Dörrex-Trockengerät mit eingebautem Ventilator.

Pilze säubern und kleinhacken. Zwiebel und Petersilie ebenfalls kleinhacken.

Man läßt zunächst die Butter in einer Pfanne zergehen, dünstet die zerkleinerte Zwiebel und die Petersilie kurz und brät darin die Pilze bei großer Hitze, bis die Flüssigkeit verkocht ist; dabei oft wenden. Dauer etwa 7 Minuten.

Grieß überstäuben, hell anbräunen und die Fleischbrühe auffüllen.

Die Suppe etwa 15 Minuten leicht kochen lassen. Mit Salz und Pfeffer würzen und mit kleingeschnittenem Schnittlauch bestreuen.

Zur Verfeinerung kann frische Sahne oder ein Schuß Sherry zugegeben werden.

AGROCYBE CYLINDRACEA

Südlicher Schüppling

Südlicher Ackerling

Hut:
3 – 7 (– 10) cm breit, anfangs halbkugelig, später gewölbt-abgeflacht, Mitte niedergedrückt; Oberfläche matt, feucht etwas klebrig, trocken feldrig aufreißend, jung bräunlich, alt ausblassend; Rand heller, gelegentlich fast weiß.

Lamellen:
gedrängt, dünn, angewachsen oder mit Zähnchen herablaufend, anfangs cremefarben, bald milchkaffeebraun-tabakbraun; Schneiden heller.

Stiel:
bis 12 cm lang, schlank, gebogen, zur Basis hin verjüngt, voll, fest, hart, feinfaserig, erst weißlich, dann blaßbräunlich; Ring anfangs weiß, später durch Sporenstaub oben tabakbraun, hängend.

Fleisch:
fest, im Hut zart, weiß; Geruch und Geschmack würzig-aromatisch.

Sporenpulver:
tabakbraun.

Vorkommen:
In Deutschland sehr selten, in Südeuropa vom Frühjahr bis zum Spätherbst auf Laubholz, vorzugsweise auf Pappelstümpfen, auch auf Rindenmulch. Wird neuerdings auch als Zuchtpilz angeboten.

Verwendung:
vorzüglicher Speisepilz.

Verwechslungsmöglichkeiten:
Von ähnlichen Schüpplingen durch das Wachstum auf Holz oder Holzresten zu unterscheiden.

Wissenswertes:
Der Südliche Schüppling ist einer der ältesten Kulturpilze, welcher schon zur Zeit der Römer gezüchtet wurde. Ihre denkbar einfache Methode wird heute noch im Süden angewandt: Man legt alte Pilzhüte auf Scheiben, Stämme oder Stümpfe von Pappelholz und bedeckt sie locker mit Erde. In warmem Klima mit ausreichend Feuchtigkeit soll die Methode gut funktionieren; nach 10 Monaten erscheinen die ersten Fruchtkörper.

Pilztoast

Zutaten für 8 Toastbrote:

150 g Südlicher Schüppling oder andere Zucht- / Waldpilze
100 g gekochter Schinken
1 kleine Zwiebel
3 Stengel Petersilie
20 g Butter
Salz, Weißer Pfeffer gemahlen
1 Teelöffel Speisestärke
100 ml Sahne
8 Scheiben Toastbrot
10 Scheiben Käse zum Überbacken
Rosenpaprika, gemahlen zum Bestreuen

Pilze säubern und halbieren (größere Hüte kleinschneiden). Schinken in Streifen schneiden. Zwiebel und Petersilie kleinhacken.

Butter in eine Pfanne geben, Pilze mit den Zwiebeln etwa 3 Minuten braten, dabei oft wenden. Schinkenstreifen zugeben, mit Pfeffer und Salz würzen.

Stärke mit Sahne vermengen, in die Pilzmasse einrühren. Kurz aufkochen lassen, gehackte Petersilie untermischen.

Toastbrote auf beiden Seiten toasten, mit je 1 Käsescheibe belegen, Pilzgemüse darauf verteilen.

Mit Käsescheiben belegen, Rosenpaprika überstreuen, nochmals kurz übertoasten.

Heiß servieren.

CANTHARELLUS TUBAEFORMIS

Trompeten-Pfifferling
Durchbohrter Leistling

Hut:
2 – 6 cm breit, trompetenförmig; Mitte tief durchbohrt; Oberseite braungelb bis graubraun, fein geschuppt bis glatt, radial wellig-runzelig; Rand nach außen umgebogen, wellig gelappt.

Leisten:
am Stiel herablaufend, gegabelt, am Grunde oft queradrig verbunden; blaß graugelb bis graubräunlich.

Stiel:
2 – 6 cm hoch, hohl, schlank, oft breitgedrückt, etwas grubig, gelblich bis graugelblich oder olivgelblich; Basis oft zugespitzt.

Fleisch:
weich, dünn, im Stiel faserig; Geruch schwach, Geschmack mild.

Sporenpulver:
weiß.

Vorkommen:
Juli bis November, gesellig bis rasig wachsend in feuchten, moosreichen Laub- und Nadelwäldern, gerne auf sauren Böden.

Verwendung:
guter Speisepilz.

Verwechslungsmöglichkeiten:
mit der Gelben Kraterelle und der Krausen Kraterelle. Beide sind eßbar.

Pilz-Grießsuppe

Zutaten für 4 Personen:

150 g Trompeten-Pfifferlinge oder Gelbe Kraterelle
frische Gewürzkräuter (Schnittlauch, Petersilie)
30 g Butter
50 g Grieß
1 Liter Gemüsebrühe
Salz, Weißer Pfeffer gemahlen

Pilze säubern und zerkleinern.

Die Kräuter kleinschneiden, etwas Schnittlauch beiseite legen, den Rest in Butter mit den Pilzen braten bis die Flüssigkeit verkocht ist. Dauer etwa 5 Minuten, dabei die Pilzmasse immer wieder wenden.

Grieß überstäuben und hell anbräunen. Die Gemüsebrühe angießen und alles glattrühren.

Die Suppe noch 20 Minuten kochen lassen, mit Salz und Pfeffer würzen. Mit kleingeschnittenem Schnittlauch bestreut servieren.

Verfeinern kann man die Pilzsuppe mit einem Schuß Sherry.

LEPISTA NUDA

Violetter Rötelritterling

Hut:
bis 15 cm breit, anfangs gewölbt, später flach ausgebreitet, wellig verbogen; Oberfläche glatt, glänzend, anfangs violett, später bräunlich, alt hell- bis graulila ausbleichend; Rand lange eingerollt.

Lamellen:
fast gedrängt, am Stiel ausgebuchtet, angewachsen, leicht vom Hutfleisch lösbar, blaß violett bis graulila; Schneiden glatt.

Stiel:
bis 12 cm lang, bis 3 cm breit, zylindrisch bis keulig, voll, ausgestopft, violett mit weißsilbrigen Längsfasern, alt ausblassend; Basis verdickt bis knollig.

Fleisch:
weich, zart, weißlich-lila; Geruch aromatisch, Geschmack mild, nußartig.

Sporenpulver:
fleischrötlich.

Vorkommen:
Juli bis November, in Ringen und Gruppen, häufig in Laub- und Nadelwäldern, Gärten, Parkanlagen, an Wegrändern, auf Komposthaufen.

Verwendung:
eßbar, doch gibt es in Ausnahmefällen individuelle Unverträglichkeitsreaktionen.

Verwechslungsmöglichkeiten:
mit dem verwandten Lilastiel, ein guter Speisepilz mit auffallend lila Stiel und blaßgrauem Hut und Lamellen. Vorsicht vor der Verwechslung mit ähnlichen, giftigen Haarschleierlingen.

Pilzsalat mit Huhn

Zutaten für 4 Personen:

250 g Violette Rötelritterlinge oder Champignons
1 Suppenhuhn
1 Bund Suppenkräuter
1 Knoblauchzehe
2 Eßlöffel Meerrettich, tafelfertig
1 großer, säuerlicher Apfel
Salz, Weißer Pfeffer
100 ml Sahne

Das Suppenhuhn waschen, mit den geputzten Suppenkräutern in 2 l gesalzenem kochendem Wasser weichkochen (1½ Stunden). Das Huhn zerlegen und vom Hühnerfleisch 200 g in kleine Stücke schneiden.

Pilze säubern, mit der Knoblauchzehe in gesalzenem Wasser blanchieren, abseihen, gut abtropfen lassen, dann etwas kleinschneiden. Die Knoblauchzehe wegnehmen.

Pilze, kleingeschnittenes Hühnerfleisch, Meerrettich und den geriebenen Apfel in einer Schüssel mischen und mit Salz und Pfeffer würzen. Den Salat eine halbe Stunde kaltstellen.

Die Sahne steif schlagen und untermengen.

Tip:
Mit der Hühnerbrühe und dem restlichen Hühnerfleisch läßt sich zusammen mit Pilzen und Reis ein feines Hühner-Frikassee bereiten.

CAMAROPHYLLUS VIRGINEUS

Weißer Ellerling

Schnee-Ellerling

Glasigweißer Ellerling

Hut:
1,5 – 3 (– 5) cm breit, jung konvex, später flach oder leicht vertieft mit stumpfem Buckel oder mit niedergedrückter Mitte; Oberfläche fühlt sich fettig an, trocken seidenmatt, cremeweißlich; Rand feucht durchscheinend gerieft.

Lamellen:
entfernt stehend, weit herablaufend, am Grund aderig verbunden, cremeweiß; Schneiden glatt.

Stiel:
bis 5 cm lang, zylindrisch, zur Basis zugespitzt, erst voll, später ausgestopft-hohl, weiß-cremefarben, Basis bisweilen schwach rosabräunlich gefärbt.

Fleisch:
dünn, wässrig, cremeweiß, geruchlos, Geschmack mild.

Sporenpulver:
weiß.

Vorkommen:
September bis Dezember, meist in Ringen und Reihen auf Wiesen, Weiden, Magerrasen, bevorzugt auf Kalkböden.

Verwendung:
eßbar, guter Speisepilz, der noch spät im Jahr gesammelt werden kann.

Verwechslungsmöglichkeiten:
mit teilweise sehr giftigen, weißen Trichterlingen, die am gleichen Platz wachsen können: Der Juchten-Ellerling riecht nach Juchtenleder.

Pilzklößchen in Bouillon

Zutaten für 4 Personen:

150 g Weiße Ellerlinge oder Champignons
20 g Butter
1 Ei
200 g Brät (püriertes Kalbfleisch)
Salz, Muskat
1 Liter Fleischbrühe
Schnittlauch zum Bestreuen

Pilze putzen und sehr kleinschneiden. Unter ständigem Wenden in Butter braten, bis die Flüssigkeit verkocht ist. Dauer etwa 5 Minuten.

Das Ei verquirlen, mit dem Brät und den gebratenen Pilzen in einer Schüssel mischen. Mit Muskat und Salz würzen.

Mit zwei Kaffeelöffeln Klößchen formen, in die heiße Fleischbrühe geben und 5 Minuten kochen.

Mit fein geschnittenem Schnittlauch bestreut servieren.

AGARICUS CAMPESTRIS

Wiesen-Egerling
Wiesen-Champignon

Hut:
3 – 12 cm breit, jung halbkugelig, später flach gewölbt, seidig matt oder feinschuppig, weiß, alt auch etwas bräunlich; Huthaut am Rand überstehend, abziehbar.

Lamellen:
breit, dichtstehend, frei, jung hellrosa, im Alter schokoladenbraun.

Stiel:
bis 7 cm lang, 1 – 2 cm breit, zylindrisch, Basis leicht verdickt, weißlich; Ring weiß, dünn, hängend, oft verkümmert.

Fleisch:
dick, weiß, im Schnitt schwach rosa; Geruch und Geschmack angenehm.

Sporenpulver:
purpurbraun.

Vorkommen:
Juni bis Oktober, in Ringen und Gruppen, bevorzugt auf Wiesen, die vom Weidevieh gedüngt sind.

Verwendung:
eßbar, geschätzter Speisepilz.

Wissenswertes:
Der Wiesen-Egerling kann nach Trockenperioden mit nachfolgenden Regenfällen massenhaft auftreten. Verwechselt werden kann er mit dem giftigen Karbol-Egerling und wenigen nahestehenden Verwandten. Sie haben einen unangenehmen Karbolgeruch, ihr Fleisch färbt sich beim Schnitt durch die Knolle intensiv gelb. Lebensgefährlich sind Verwechslungen mit weißhütigen Knollenblätterpilzen. Sie haben weiße Lamellen, ihr Stiel hat an der Basis eine Scheide.

Puten-Geschnetzeltes mit Champignons in Rieslingsauce

Zutaten für 4 Personen:

300 g Champignons
1 Zwiebel
1 Bund frischen Dill
500 g Putenfleisch
Salz
Weißer Pfeffer gemahlen
50 g Butter
¼ Liter Hühnerbrühe
⅛ Liter Riesling oder trockenen Weißwein
1 gehäufter Teelöffel Speisestärke
200 ml Sahne

Die Pilze waschen und in Scheiben schneiden.

Zwiebel schälen, kleinhacken. Dill waschen, trockenschütteln und ebenfalls kleinhacken.

Das Putenfleisch schnitzeln und mit Salz und Pfeffer würzen, in Butter scharf anbraten. Pilze und Zwiebeln untermengen, 5 Minuten mitbraten, durch die austretende Pilzflüssigkeit löst sich der Bratenfond.

Weißwein und Brühe zugießen und das Gericht etwa zur Hälfte der Flüssigkeit einkochen lassen. Einen Teil vom kleingeschnittenen Dill zugeben.

Die Speisestärke mit der Sahne verrühren, zum Gericht geben und noch kurz aufkochen. Mit restlichem Dill bestreuen.

Champignon-Cremesuppe

Zutaten für 4 Personen:

200 g junge Wiesenchampignons oder Zuchtchampignons
20 g Butter
1 gehäufter Eßlöffel Mehl
¾ Liter Gemüsebrühe
100 ml Sahne
1 Eigelb
1 Messerspitze Currypulver
Salz, Weißer Pfeffer gemahlen
Schnittlauch oder Petersilie zum Bestreuen

Pilze säubern und sehr fein hacken.

In einer Pfanne etwa 6 Minuten in Butter braten, dabei immer wieder wenden.

Mit Mehl bestäuben und mit warmer Gemüsebrühe übergießen, glattrühren. Noch 10 Minuten leicht kochen lassen.

Die Sahne mit dem Eigelb vermengen und in die Suppe einrühren. Mit Currypulver, Pfeffer und Salz würzen. Mit fein geschnittenen Kräutern bestreut servieren.

XEROCOMUS SUBTOMENTOSUS

Ziegenlippe

Hut:
bis 10 cm breit, jung fast halbkugelig, dann flach polsterförmig, fleischig; Oberfläche gelboliv, olivbraun, samtig, feinfilzig, trocken, kaum aufreißend; Haut nicht abziehbar; Rand bisweilen die Poren überragend.

Röhren:
bis 15 mm lang, am Stiel etwas ausgebuchtet, bisweilen strichförmig herablaufend, leicht vom Hut lösbar, leuchtend gelb.

Poren:
weit, besonders zum Stiel hin groß und eckig, dottergelb, alt grüngelb bis bräunlichgelb, auf Druck nicht oder nur schwach blauend.

Stiel:
bis 10 cm lang und bis 2 cm dick, schlank, meist zylindrisch, bisweilen verbogen; gelbbräunlich, bräunlich bis rotbräunlich, feinkörnig-flockig bis längspunktiert-gefasert.

Fleisch:
jung fest, bald weich, weißlich, im Stiel gelblich, im Schnitt nur wenig blauend; Geruch fruchtig, Geschmack mild.

Vorkommen:
Juli bis Oktober, einzeln bis gesellig, im Laub- und Nadelwald.

Verwendung:
eßbar.

Verwechslungsmöglichkeiten:
mit anderen eßbaren Filzröhrlingen, mit Giftpilzen ziemlich ausgeschlossen.

Risotto mit Röhrlingen

Zutaten für 4 Personen:

300 g Röhrlinge (Ziegenlippe, Steinpilze, Maronen o.ä.)
1 Paprikaschote
1 Bund Petersilie
50 g durchwachsenen Räucherspeck
40 g Butter
Schwarzer Pfeffer, frisch gemahlen
Salz
300 g Langkornreis, ungeschält
1 Messerspitze Safran gemahlen
³/₄ Liter Gemüsebrühe

Reis und Safran in die Gemüsebrühe geben und garkochen.

Die Pilze säubern, der Länge nach in Scheiben schneiden. Die Paprika waschen, entkernen und kleinschneiden. Die Petersilie kleinhacken. Den Speck in kleine Würfel schneiden.

Butter in einer Pfanne zergehen lassen, die Hälfte der Petersilie darin kurz dünsten, Pilze zugeben und braten, bis die austretende Pilzflüssigkeit verkocht ist, dabei oft wenden. Mit Salz und Pfeffer würzen, in eine Schüssel geben und warm stellen.

In der Bratpfanne die Speckwürfel anbraten, die geschnittene Paprika dazugeben und ca. 2 Minuten mitbraten.

Pilze, Speck, Paprika und die restliche gehackte Petersilie unter den gegarten Reis geben. Nach Geschmack mit geriebenem Parmesankäse servieren.

Register

Alle REZEPTE von A bis Z auf einen Blick:

Austernseitlinge in Bierteig gebacken 23

Blätterteig-Pasteten mit Erdritterlingen 37

Blätterteigtaschen mit Pilzfüllung 43

Brokkolisuppe mit getrockneten Steinpilzen 111

Champignon-Cremesuppe 125

Champignons ausgebacken 32

Chinesische Pilze 61

Eier mit Pilzfüllung 39

Feldsalat mit Austernseitlingen 23

Filet mit Morcheln in Blätterteig 105

Flambierte Wachteln auf Pfifferlingen 82

Forellen in Champignons 32

Frühlingssalat mit Morcheln und Champignons 71

Gebackene Parasolpilzhüte mit Käse und Schinken 77

Geschmorte Leber mit Hallimasch 57

Grüne Nudeln mit Pilz-Lachs-Sauce 29

Hähnchen mit würziger Pilzfüllung 93

Indonesischer Reistopf 101

Jäger-Sauce 55

Kabeljau mit Duxelles 45

Kalbfleischrollen mit Röhrlingen 89

Kartoffeleintopf mit Waldpilzen 47

Kartoffelpuffer mit Pilzen 63

Kohlrouladen mit Pilzfüllung 51

Lammkoteletts in Pfifferling-Rahmsauce 81

Lasagne mit Braunkappen 87

Makkaroni-Auflauf mit Röhrlingen 41

Maultaschen mit Pilzfüllung 107

Morchelcremesuppe 109

Morcheln in Schinkenrollen 109

Paprikapfanne mit Hallimasch 57

Penne rigate mit Trüffel und Sahne-Sauce 103

Pfannkuchen mit Reifpilzen 85

Pilz-Frikadellen 75

Pilz-Grießsuppe 119

Pilz-Rouladen in Rotweinsauce 25

Pilzauflauf 27

Pilze gebraten mit Speck und feinen Kräutern 35

Pilzhüte mit Heilbuttfüllung 91

Pilzklößchen in Bouillon 123

Pilzknödel 95

Pilzkroketten 73

Pilzkuchen 67

Pilzomelette mit feinen Kräutern 79

Pilzsalat mit Huhn 121

Pilzsalat mit Krauser Glucke 65

Pilztoast 117

Pizza ai funghi 69

Putengeschnetzeltes mit Champignons in Rieslingsauce 125

Putenschnitzel mit feiner Pilzfüllung 59

Quiche mit Champignons 30

Risotto mit Röhrlingen 127

Rollbraten mit Pilzfüllung 99

Schnitzel mit Pilzen und Käse überbacken 97

Spaghetti ai funghi 49

Spargel mit Pilzen in Sauce Hollandaise 33

Steaks mit Champignons 31

Steinpilz-Grillspießchen 113

Stockschwämmchen-Suppe 115

Tortellini in Steinpilz-Rahmsauce 112

Wildpastete 53